Leer y charlar

Leer y charlar

Abby Kanter

Dwight Englewood School
Englewood, New Jersey

Wendy Carroll

Formerly of The Ridge School
Ridgewood, New Jersey

AMSCO

AMSCO SCHOOL PUBLICATIONS, INC.,
a division of Perfection Learning®

*This book is dedicated with much love to Hannah Sophie Carroll,
who was a joyful and inspiring presence (in utero)
throughout our collaboration.*

Wendy Carroll
Abby Kanter

Cover and text design by Delgado and Company, Inc.
Illustrations by Chika Ota
Composition by Northeastern Graphic, Inc.
Editor: Kathryn L. O'Dell

Please visit our Web sites at:
www.amscopub.com and **www.perfectionlearning.com**

When ordering this book, please specify:
Softcover: ISBN 978-1-56765-810-1 or **1361701**

12 13   20 19 18 17 16

Printed in the United States of America

Preface

Leer y charlar presents a new approach to conversation and reading comprehension in the regular, third year, high school Spanish curriculum. The book is designed for the teacher who sees his or her students pass tests on specific grammar and vocabulary, and then fail to apply those very same concepts to genuine written and spoken communication. Leer y charlar addresses the unique challenges of this level, such as the student who can easily tell you that "volver" means "to return," but this same student struggles with the vocabulary to explain that he "got back" late last night. Leer y charlar also fills a long acknowledged void in the High School level 3 curriculum: authentic readings that stimulate and engage, without frustrating the students.

In Leer y charlar, teachers will find readings that appeal to the interests of high school students and offer a taste of Spanish and Latin American literature, culture, and pop culture. At the same time the selections are accessible to the students' level of reading comprehension. The readings are equally divided between literature and popular Spanish language magazines, ranging from Isabel Allende and Unamuno to Cosmo en español. Since reading a text or article in its entirety is daunting to students at this level, excerpts are used for most of the readings. Simple Spanish is used to summarize relevant information leading up to and following the selections. Through the use of these summaries and through careful choice of excerpts for appropriate level of difficulty, authentic works can be made accessible to the students. In addition, the readings have been selected to serve as springboards for discussion. It is imperative that students be motivated to speak. Before and after the reading in each chapter of Leer y charlar, students are provided with guided questions about themselves, questions that present irresistible topics of conversation.

For many years I have searched for a Level 3 text that would meet all of these criteria: accessibility, stimulation of lively conversation, reinforcement in the use of grammatical structures, and enhancement of vocabulary and circumlocution skills. Having found no such text, I have written the book I was seeking. In my almost thirty years of teaching Spanish, I have developed a list of topics that demonstrate surprising success in making students want to express themselves. These conversation starters are varied, ranging from childhood emotional pain due to cliques or not feeling understood, to funny/scary experiences with huge insects, to horrible things siblings inflict upon each other. Even the most reticent of third year students is motivated to express himself or herself on at least some of these topics.

Each chapter of Leer y charlar begins with the presentation of vocabulary, defined almost exclusively in the target language. The vocabulary exercises that follow range from simple matching to reinforce meaning and recognition, to questions that call for students to give relevant information about themselves using the vocabulary. Words are often recycled in subsequent chapters to facilitate retention. In each chapter there is also an exercise that requires students to combine vocabulary and circumlocution skills to communicate ideas that cannot be translated word for word. These exercises are meant to develop resourcefulness and combat the tendency to think literally. Next, the Antes de leer section offers questions to be discussed in class to arouse interest and guide students to think about the subject matter related to the reading. Following the reading selection there are simple comprehension exercises, discussion questions, topics for creative writing, and individual and co-operative activities. In addition, there are review sections after every five or six chapters. These varied sets of exercises provide reinforcement of vocabulary and circumlocution skills.

Contents

Capítulo 1

Mi país inventado

ISABEL ALLENDE

I Vocabulario

ambiente (m.) condiciones que se combinan para producir un cierto efecto (*atmosphere*). En El Mundo de Disney, hay un **ambiente** de fantasía y alegría juvenil.

barrio parte o área de una ciudad. En Nueva York, cada **barrio** tiene su propia identidad.

colegio escuela. Los jóvenes son alumnos de un **colegio**.

darse cuenta de observar algo nuevo, saber algo que no sabías antes. Cuando oí los números, **me di cuenta de** que había ganado la lotería.

desarrollar extender o mejorar algo (*to develop*). El niño tiene un gran talento musical, pero debe **desarrollarlo** más.

diverso/a diferente, distinto. Los pájaros más bonitos son de **diversos** colores.

esforzarse tratar de hacer algo mejor. Nosotros debemos **esforzarnos** para ser personas mejores.

extranjero/a una persona de otro país. Cuando uno es **extranjero**, es bueno hablar la lengua del país.

frontera lo que separa un país de otro. Hay una gran **frontera** entre los Estados Unidos y Canadá.

país nación, patria. España y Francia son **países** europeos.

rechazar no querer, no aceptar. Harvard **rechaza** a muchos buenos alumnos cada año; sólo acepta unos pocos.

sospecha una opinión que tienes sin estar seguro, sin tener evidencia. Mucha gente tiene **sospechas** sobre el trabajo de los políticos.

II Ejercicios de vocabulario

A. Preguntas

1. ¿Qué países tienen frontera con los Estados Unidos?

2. Cuando ves programas de televisión como *Law and Order,* ¿tienes sospechas al principio sobre quién es el asesino? ¿Tienes razón la mayoría de las veces?

3. ¿A qué edad te diste cuenta de que otras familias son diferentes de la tuya? Explica qué pasó.

4. ¿En qué clase tienes que esforzarte más para sacar buenas notas?

5. ¿Qué se puede hacer para desarrollar buenas amistades?

6. ¿Prefieres comer en un restaurante con un ambiente elegante, relajado o romántico?

B. Escribe la letra de la palabra que corresponde.

1. _____ frontera
2. _____ sospecha
3. _____ diverso
4. _____ darse cuenta de
5. _____ ambiente
6. _____ barrio
7. _____ rechazar
8. _____ extranjero
9. _____ colegio
10. _____ país

a. no es lo mismo
b. una unidad geográfica
c. no es de aquí
d. donde se estudia
e. decir que "no"
f. opinión sin evidencia
g. divide dos países
h. llegar a saber
i. área de una ciudad
j. carácter de un sitio

C. Completa la frase.

1. En el futuro voy a esforzarme más para _____

2. Mi mejor amigo tiene que darse cuenta de que yo _____
_____

3. El colegio ideal tiene que ofrecer _____

4. Quiero desarrollar mi habilidad para _____

5. En una sociedad diversa es necesario darse cuenta de que _____
_____

6. En mi hogar (casa) quiero un ambiente _____

7. Siempre voy a rechazar a las personas que _____
_____

D. Escribe una frase original.

1. barrio _____

2. darse cuenta de _____

3. desarrollar _____

4. esforzarse _____

5. rechazar _____

E. Explica. Vas a comunicar las ideas que siguen a alguien que sólo habla español. Trata de utilizar algunas palabras del vocabulario de este capítulo pero recuerda que es más importante expresar las ideas que usar el vocabulario. ¡Lo más importante es comunicar! No debes traducir palabra por palabra.

Ejemplo: *Try to develop self confidence.*
Posibilidades: *Trata de creer en ti mismo.*
Trata de desarrollar confianza en ti mismo.
Trata de creer que puedes hacer muchas cosas bien.

1. We had a block party. _____

_____

2. This restaurant has a cozy atmosphere. _____

_____

3. You have crossed a boundary. _____

_____

4. No one likes the pain of rejection. _____

_____

5. We don't want to arouse suspicion. _____

_____

III Antes de leer

¿Te has mudado a una casa nueva en un barrio o una ciudad nueva? ¿Fuiste un nuevo estudiante en la escuela? ¿Te sentiste extranjero? ¿Fue difícil encontrar amigos nuevos?

IV Lectura

Lo que sigue es una selección del libro Mi país inventado *de Isabel Allende. Allende nació en el Perú pero pasó su juventud en Chile. Su familia tuvo que escaparse de Chile en 1973, a causa de un golpe militar contra el gobierno de su tío, Salvador Gossens Allende. La familia de Isabel Allende se exilió en Venezuela. En* Mi país inventado *Allende escribe sobre el amor y la nostalgia que ella siente por Chile. También escribe de sus experiencias juveniles en diversos barrios y países. Hoy Allende está casada con un norteamericano y vive en California.*

MI PAÍS INVENTADO (SELECCIÓN)

Antes de comenzar a viajar, yo estaba convencida de que todas las familias eran como la mía, que Chile era el centro del universo, y que el resto de la humanidad tenía nuestro aspecto[1] y hablaba castellano como primera lengua; el inglés y el francés eran asignaciones escolares como la geometría. Apenas cruzamos la frontera tuve la primera sospecha de la vastedad del mundo y me di cuenta que nadie, absolutamente nadie, sabía cuán especial era mi familia. Aprendí rápido lo que se siente al ser rechazada. Desde el momento que dejamos Chile y comenzamos a ir de un país a otro, me convertí en la niña nueva en el barrio, la extranjera en el colegio[2], la rara que se vestía diferente y ni siquiera podía hablar como los demás[3]. No veía las horas de regresar a mi terreno conocido[4] en Santiago, pero cuando finalmente eso ocurrió, varios años más tarde, tampoco me avine[5] allí, porque había estado afuera demasiado tiempo. Ser extranjera, como lo he sido casi siempre, significa que debo esforzarme mucho más que los nativos, lo cual me ha mantenido alerta y me ha obligado a desarrollar flexibilidad para adaptarme a diversos ambientes.

[1] **aspecto** apariencia
[2] **el colegio** la escuela
[3] **los demás** las otras personas
[4] **terreno conocido** tierra familiar
[5] **tampoco me avine** no podía entenderse ni comunicarse bien con la gente de Santiago, de donde había venido

V Ejercicios

A. Comprendamos. Selecciona la mejor respuesta para completar la frase.

1. Cuando Allende viajaba ella aprendió que _____.

   a. Chile era el país más importante del mundo

   b. era necesario estudiar inglés y francés

   c. su familia era muy diferente de las otras

   d. las personas de diversos países tenían mucho en común

2. Según el contexto del párrafo el significado más probable de "asignaciones escolares" es _____.

   a. cursos que se estudian en la escuela

   b. cursos de matemáticas

   c. un motivo para viajar

   d. lenguas más importantes que el español

3. Una diferencia entre la joven Allende y las otras niñas que NO se menciona es _____.

   a. su ropa

   b. su manera de hablar

   c. la comida que se come en su casa

   d. su familia

4. El texto nos indica que Santiago es una ciudad _____.

   a. nueva y extraña para Allende

   b. donde Allende había vivido antes, y a la que ella volvió después de muchos años de ausencia

   c. donde Allende no se siente extranjera

   d. adonde Allende quiere viajar

5. En Santiago, Allende _____.

   a. estaba contenta de ver a sus viejos amigos

   b. todavía se sentía diferente a las otras personas

   c. quería viajar a otra ciudad

   d. por fin no se sentía diferente

B. Charlemos

1. A veces todos nos sentimos solos. Sentirse solo o rechazado le da mucha pena a una persona, especialmente a un niño. Habla de la experiencia de sentirse solo o rechazado. Puedes hablar de una experiencia de tu niñez o de la experiencia de una persona que conozcas. También puedes hablar de un libro o una película (como *Shrek*, por ejemplo) donde un personaje sufre el rechazo y la soledad.

2. ¿Qué diferencias ves entre tu familia y las otras? ¿Cuántos años tenías cuando te diste cuenta de estas diferencias? Cuando tengas tu propia familia algún día, ¿quieres que sea diferente? Explica cómo.

C. Escribamos

I. Completa las frases siguientes.

1. Un nuevo alumno que quiere ser aceptado en mi escuela debe

   a. _____

   b. _____

   c. _____

2. Un nuevo alumno que quiere ser aceptado en mi escuela no debe

   a. _____

   b. _____

   c. _____

3. Si pudiera vivir en otro país, yo viviría en _____ porque

   _____.

4. Una diferencia cultural entre los EE.UU. y la cultura de

   _____ es que _____.
   (nombre de un país)

II. Imagina. Imagínate tu propio "país inventado" que represente tu cultura ideal. Describe tu "país inventado" con seis frases. Por ejemplo: *En mi país una persona no tiene que pagar para visitar a un médico*, o: *En mi país no hay pobreza*.

1. _____

2. _____

3. _____

4. _____

5. _____

6. _____

D. Actividades

En grupos de dos alumnos o más, prepara una presentación sobre uno de los temas siguientes.

1. Un debate sobre los clubes escolares basados en grupos étnicos. En algunas escuelas piensan que estos clubes ofrecen un ambiente cómodo y confortable a los alumnos. En otras escuelas no los permiten porque temen que algunos alumnos sólo tengan amigos de su propio grupo y no lleguen a conocer a alumnos de otros grupos étnicos.

2. Un diálogo entre padres e hijos. El padre o la madre tiene la oportunidad de trabajar en otro país. Los miembros de la familia expresan sus opiniones sobre si quieren mudarse a ese nuevo país o no.

3. Un diálogo sobre tu escuela y tu pueblo o barrio. Un alumno hace el papel de un estudiate nuevo que hace preguntas. Otro alumno contesta las preguntas.

Capítulo 2

Malinche

LAURA ESQUIVEL

I Vocabulario

acostumbrado/a; **estar acostumbrado** hacer algo siempre de la misma manera. Si siempre comes la cena a las seis, **estás acostumbrado** a comer a las seis.

caprichoso/a se dice de una persona que hace algo sin pensarlo mucho. Un día una actriz famosa decidió casarse, y se divorció unos días después; ella es muy **caprichosa**.

compartir dividir una cosa (o cosas) entre varias personas. Scrooge no es un hombre generoso; no quiere **compartir** su dinero con nadie.

débil sin fuerza o energía; lo contrario de fuerte. El Superhombre es muy fuerte, pero Clark Kent parece **débil**.

esclavo una persona que vive sin libertad bajo el control de otra. Abraham Lincoln es el presidente que se asocia con la liberación de los **esclavos** en los Estados Unidos.

expectativa lo que una persona espera o quiere. Los padres de Miguel tienen **expectativas** muy altas de su hijo; quieren que vaya a Harvard y que sea médico.

juguete objeto con que juegan los niños. La muñeca Barbie y los Legos son **juguetes** muy populares.

libertad estado de estar libre; independencia. El hombre había sido esclavo y ahora aprecia mucho su **libertad**.

llegar a ser hacerse, convertirse. La Princesa Diana **llegó a ser** princesa al casarse con el Príncipe Carlos.

llevarse bien tener una relación buena con otra persona. Carlos y su hermano **se llevan bien**; les gusta jugar juntos y siempre se divierten.

mimar dar a un niño todo lo que quiere, criar a un niño sin límites apropiados. El niño **mimado** está tan acostumbrado a tener todo lo que quiere que se vuelve loco si alguien le dice que "no".

pertenecer ser parte de algo. Tú **perteneces** a esta clase.

único/a que no hay otro igual, solo. Febrero es el **único** mes del año que tiene 28 días.

voluntad la capacidad de una persona de gobernar o determinar sus propios actos. Un esclavo no puede decidir por propia **voluntad**.

II Ejercicios de vocabulario

A. Preguntas

1. ¿En qué siglo fueron liberados los esclavos en los Estados Unidos? ¿Hay esclavos en alguna parte del mundo hoy?

2. ¿Quién llegó a ser rico y famoso a causa de un programa de televisión?

3. ¿Eres hijo(a) único(a) o tienes hermanos o hermanas?

4. ¿Te llevas bien con tu hermano o hermana? ¿Cuál es la peor cosa que le has hecho a él o a ella? ¿Cuál es la peor cosa que él o ella te ha hecho a ti?

5. ¿Qué estás acostumbrado/a a hacer cuando estás nervioso/a?

6. ¿Cuál era tu juguete favorito cuando eras niño/a?

7. ¿Estabas acostumbrado/a a compartir tus juguetes con tus hermanos? ¿Y con otros niños?

8. ¿Cuál es la cosa más caprichosa que has hecho? ¿Terminó bien o mal?

9. ¿Crees que el ser humano vive según su propia voluntad? ¿Tenemos la libertad de determinar nuestro destino?

10. ¿Perteneces a un club o grupo social que te da un sentido de comunidad?

11. ¿Conoces a una persona mimada? Sin mencionar nombres, describe a esta persona y explica por qué la llamas mimada.

12. ¿Crees que un niño mimado va a ser débil en el futuro? ¿Por qué sí o por qué no?

13. ¿Crees que a veces los padres les ponen a sus hijos expectativas demasiado altas o difíciles?

B. Escribe la letra de la palabra que corresponde.

1. _____ ser caprichoso
2. _____ vivir con voluntad
3. _____ único
4. _____ esclavo
5. _____ estar acostumbrado
6. _____ llevarse bien
7. _____ pertenecer
8. _____ compartir
9. _____ débil
10. _____ mimar

a. tener buena relación
b. que no tiene mucha fuerza o energía
c. ser parte de un grupo
d. darle todo lo que quiere a un niño
e. hacer lo que quieres sin pensarlo bien
f. alguien que no tiene libertad
g. dividir lo que tienes entre tus amigos
h. solo, no hay otro igual
i. hacer cosas familiares
j. poder tomar decisiones

C. Completa la frase.

1. Es mejor ser hijo único porque _____

2. Ser hijo único es un problema porque _____

3. Me gusta mucho pertenecer a _____

4. Las expectativas que tengo para mis hijos son que _____

_____

5. No me llevo bien con las personas que _____

6. Más que nada quiero llegar a ser _____

D. Escribe una frase original.

1. estar acostumbrado _____

2. compartir _____

3. llegar a ser _____

4. llevarse bien _____

5. pertenecer _____

E. Explica.
Vas a comunicar las ideas que siguen a alguien que sólo habla español. Trata de utilizar algunas palabras del vocabulario de este capítulo pero recuerda que es más importante expresar las ideas que usar el vocabulario. ¡Lo más importante es comunicar! No debes traducir palabra por palabra.

1. She's a slave to fashion. _____

2. The hero is their only hope. _____

_____

3. He had to do something against his will. _____

_____

4. He is a weak-willed person. _____

_____

III Antes de leer

¿Cuáles son los beneficios de ser hijo único? ¿De tener hermanos?
¿Crees que la personalidad de una persona se ve afectada por:

    1. ser hijo único o tener hermanos?

    2. el orden de nacimiento?

IV Lectura

Lo que sigue es una selección de Malinche, *de Laura Esquivel, una novela que se basa en la vida de Malinche, una figura muy controversial de la historia mexicana. Ella nació princesa azteca, originalmente nombrada Malinalli. Cuando era una niña la mejor amiga y protectora de Malinalli era su abuela. Después de la muerte de su abuela y de su padre, la madre de Malinalli se casó otra vez y vendió a su hija como esclava. Malinalli era muy inteligente y aprendía lenguas fácilmente. Por fin ella llegó a ser la intérprete que ayudó a Hernán Cortés en su conquista de México. Por eso, "Malinche" en México es algo semejante a "Benedict Arnold" en los Estados Unidos: significa una traidora, una persona que ayuda a un enemigo de su país. Pero la historia de Malinche es más compleja y trágica. Ella se enamoró de Cortés y tuvo un hijo con él.*

La selección que sigue describe a Malinalli el día que llegó a ser esclava. Ella tuvo que irse de su hogar y tenía mucho miedo. No podía llevar mucho consigo. Seleccionó las cosas más importantes: los regalos que su abuela le había dado.

MALINCHE (SELECCIÓN)

La idea de dejar atrás todo aquello querido por ella le resultaba aterradora[1]. Temblaba de pies a cabeza. Le dijeron que sólo podía llevar lo indispensable y ella no lo tuvo que pensar ni un instante. Tomó un costalito de yute y dentro metió la herencia[2] de su abuela: un collar[3] y una pulsera[4] de jade, un collar de turquesa . . . y unos granos de maíz[5] que juntas (*ella y su abuela*) habían cosechado[6].

[1] **le resultaba aterradora** le daba mucho miedo
[2] **la herencia** lo que recibes de una persona después de su muerte
[3] **collar** adorno que se lleva alrededor del cuello (*necklace*)
[4] **pulsera** adorno que se lleva alrededor de la muñeca (*bracelet*)
[5] **maíz** planta de granos amarillos (*corn*)
[6] **cosechado** recolectado (*harvested*)

La selección que sigue describe la niñez del conquistador español Hernán Cortés. Según Laura Esquivel, la autora, Cortés llegó a ser un hombre de gran ambición y crueldad a causa de las experiencias de su niñez.

MALINCHE (SELECCIÓN, DESCRIPCIÓN DE HERNÁN CORTÉS)

Como buen hijo único, estaba acostumbrado a tener todo . . . (Cortés) nunca había tenido que compartir sus juguetes con nadie y en consecuencia era un niño caprichoso que en cuanto deseaba algo, de inmediato lo apropiaba[7].

[7] **lo apropiaba** lo tomaba, lo hacía posesión suya

Si se considera que Cortés durante su niñez estuvo acostumbrado a tener todo lo que quería, no es una sorpresa que haya llegado a ser un hombre de gran ambición.
     Además, lo que motivaba a Cortés . . .

era un deseo de libertad. Los constantes mimos de su madre lo ahogaban[8], lo convertían en un niño débil y enfermizo[9]. . . .

Los padres de Cortés lo mimaban, pero también demandaban mucho de él. Estas expectativas enormes de sus padres resultaron en gran pena emocional para el joven Cortés.

[8] **ahogaban** asfixiaban, sofocaban, quitaban el aire
[9] **enfermizo** con tendencia a estar enfermo con frecuencia

V Ejercicios

A. Comprendamos. Selecciona la mejor respuesta para completar cada frase.

1. En el contexto de la descripción de Malinalli ("Temblaba de pies a cabeza") el significado más probable de "temblar" es _____.
   a. to jump
   b. to tremble
   c. to dance
   d. to scream

2. El día que debía irse de su hogar, Malinalli _____.
   a. tenía frío
   b. tenía miedo
   c. estaba contenta
   d. estaba enamorada

3. El significado más probable de "un costalito" es _____.
   a. un animal
   b. algo para comer
   c. un saco que se usa para llevar cosas
   d. un zapato

4. El collar y la pulsera son importantes para Malinalli porque _____.
   a. son regalos de su abuela
   b. son bonitos
   c. valen mucho dinero
   d. representan la libertad

5. Malinalli lleva los granos de maíz porque _____.
   a. si ella tiene hambre puede comerlos
   b. representan un recuerdo de su abuela
   c. son mágicos
   d. puede utilizarlos para cultivar más maíz

6. Según la descripción de Cortés, él era un niño _____,
   a. generoso
   b. fuerte
   c. feliz
   d. mimado

7. Según Esquivel (la autora), Cortés tenía defectos y problemas porque _____.

    a. fue hijo único

    b. sus padres lo mimaron

    c. sus padres tenían grandes expectativas

    d. sufría de todo lo mencionado en *a, b* y *c*

B. Charlemos

1. En un mundo ideal, un niño puede depender de sus padres. Los padres le dan amor y lo ayudan a crecer fuerte e independiente. Ni Malinalli ni Cortés tienen padres perfectos. En la ficción y en la realidad se encuentran muchos ejemplos de padres muy lejos de lo ideal. Discute unos ejemplos. Describe un padre o una madre ideal.

2. Según Laura Esquivel, Cortés es producto de su niñez, de las acciones de sus padres, no de su propia voluntad. ¿Estás de acuerdo con Esquivel? ¿Están nuestras vidas determinadas desde el nacimiento? ¿Qué efecto tiene nuestra voluntad sobre nuestro destino futuro?

3. Al irse de su hogar, Malinalli sólo puede llevar unas pocas cosas. Ella selecciona cosas que tienen un valor sentimental, objetos asociados con su abuela. Si tuvieras que seleccionar una o dos cosas para llevar contigo, ¿qué seleccionarías? Explica por qué.

C. Escribamos

I. Escribe una lista de cinco cosas que hacen o no hacen los padres ideales:

    1. _____

    2. _____

    3. _____

    4. _____

    5. _____

II. Imagina. Imagínate que eres madre o padre. ¿Qué vas a hacer diferente de lo que hacen tus padres? Explica por qué.

_____

_____

_____

D. Actividades

1. Con un compañero de clase prepara una entrevista a Malinalli. Preparen preguntas y respuestas sobre la relación con su mamá, su abuela, Cortés, y sobre otros aspectos de su vida. Presenta la entrevista en clase.

2. Hace cincuenta años, hombres como Cristóbal Colón y Hernán Cortés eran considerados héroes, y los niños norteamericanos estudiaban la gran aventura de la conquista del Nuevo Mundo. Hoy hablamos de las atrocidades y la crueldad de los conquistadores con respecto a la gente indígena (los Aztecas, los Incas y los Mayas). En grupos, presenten una rueda de prensa (*press conference*). Una persona hace el papel de periodista y le hace preguntas a Cortés o a Colón. Ellos pueden tratar de defender su reputación. La presentación puede ser cómica o seria.

Capítulo 3

Secretos perversos revelados

DE LA REVISTA *COSMOPOLITAN EN ESPAÑOL*

I Vocabulario

aburrido/a lo contrario de interesante; describe a alguien que tiene que escuchar algo que no le interesa. María cree que este libro es muy **aburrido**. Ella está muy **aburrida** en este momento.

acercarse a andar más cerca de alguien o algo. Cuando la araña **se acercó** a ella, la Srta. Muffet se fue muy rápidamente.

asombrar producir una gran sorpresa, susto o miedo. La Bestia **asombró** a la Bella cuando le reveló que en realidad era un príncipe muy guapo.

asombrarse La mujer **se asombró** mucho cuando se dio cuenta de que su esposo tenía otra familia con otra mujer.

borracho/a se aplica a una persona que ha bebido mucho alcohol. Nunca debes conducir un auto si estás **borracho**.

enojarse enfadarse, sentirse furioso. Los padres de Enrique **se enojaron** mucho porque él tuvo una fiesta cuando ellos no estaban en casa.

ensuciar lo contrario de limpiar. Clara tiene que limpiar su casa con frecuencia porque sus diez perros la **ensucian** mucho.

equivocarse cometer un error. Se dice que la compañía Chevrolet **se equivocó** mucho cuando trató de vender un auto llamado "Nova" en Latinoamérica. "Nova" significa que el auto no va.

equivocado/a incorrecto. Seleccioné la respuesta **equivocada** y perdí unos puntos en el examen.

flirtear hablar o actuar de una manera amorosa superficial. Luisa se enoja mucho cuando su novio **flirtea** con otras mujeres.

holgazán (holgazana) perezoso, que no le gusta trabajar. Muchos jóvenes son **holgazanes** en el verano: pasan todo el día frente al televisor.

limpiar quitar la suciedad de algo. El niño holgazán finalmente **limpia** su dormitorio el viernes y su madre se asombra mucho.

lograr obtener o conseguir algo después de esforzarse mucho. El alumno **logró** sacar una "A" en el examen después de estudiar por muchas horas.

lugar área, punto del espacio. Para muchos niños El Mundo de Disney es su **lugar** favorito.

sitio lugar. El barrio de Broadway es el **sitio** donde se encuentran muchos teatros.

soler hacer algo con frecuencia, tener la costumbre de hacer algo. Todos los días la reina mala se mira en el espejo. Ella **suele** preguntarle al espejo: "¿Quién es la más bella de todas?"

vengar hacer daño a alguien en respuesta a algo malo que la persona hizo. Algunas personas creen que no debemos **vengarnos** de nuestros enemigos; debemos perdonarlos.

venganza El refrán "ojo por ojo" refleja el deseo de **venganza**.

II Ejercicios de vocabulario

A. Preguntas

1. A veces los jóvenes beben hasta quedarse borrachos. ¿Por qué lo hacen?

2. ¿Qué dicen los jóvenes cuando quieren flirtear?

3. ¿Qué quieres lograr en tu vida?

4. ¿Por qué se enojan tus padres a veces?

5. ¿Qué sueles hacer durante tus horas libres?

6. ¿Cuál es tu lugar favorito? ¿Por qué?

7. ¿Cuándo sueles ser más holgazán/holgazana?

B. Escribe la letra de la palabra que corresponde.

1. _____ equivocado

2. _____ vengar

3. _____ estar borracho

4. _____ ser holgazán

5. _____ soler

6. _____ limpiar

7. _____ acercarse a

8. _____ lograr

9. _____ enojarse

10. _____ lugar

a. lavar
b. sitio
c. incorrecto
d. el resultado de beber mucho alcohol
e. sentirse furioso, enfadarse
f. tener la costumbre de hacer siempre la misma cosa
g. no querer hacer nada
h. hacer algo malo a alguien que te hizo algo malo a ti
i. andar más cerca
j. tener éxito al hacer algo

C. Completa la frase.

1. Una persona holgazana es alguien que _____

2. Me equivoqué mucho cuando _____

3. Cuando estoy nervioso/a suelo _____

4. Siempre me enojo cuando _____

5. Nunca quiero acercarme a _____

6. Una persona debe estar muy contenta si logra _____

7. Me asombré mucho cuando _____

8. Estoy muy aburrido/a cuando _____

9. Una persona aburrida es alguien que siempre _____

D. Escribe una frase original.

1. enojarse _____

2. equivocarse _____

3. lograr _____

4. aburrido/a _____

5. asombrar _____

E. Explica. Vas a comunicar las ideas que siguen a alguien que sólo habla español. Trata de utilizar algunas palabras del vocabulario de este capítulo pero recuerda que es más importante expresar las ideas que usar el vocabulario. ¡Lo más importante es comunicar! No debes traducir palabra por palabra.

1. You are flirting with danger. _____

_____

2. He's set in his ways. He won't give in. _____

_____

3. We were bored to tears. _____

_____

4. You will achieve great things. _____

_____

III Antes de leer

1. ¿Tienes secretos que no has revelado a nadie, o siempre revelas tus secretos a tu mejor amigo o a tu madre o padre?
2. ¿Es siempre malo guardar secretos? ¿Qué secretos es mejor no revelar nunca?
3. Cuando te enojas con alguien, ¿le hablas directamente o haces algo en secreto para vengarte?

IV Lectura

SECRETOS PERVERSOS REVELADOS

Vivimos inmersos en una cultura tan obsesionada con confesarlo todo (talk shows, reality shows, etcétera), que a veces pensamos que no hay nada que podamos saber de otra persona que nos asombre. Y esa sensación es . . . bueno, *aburridísima*. Por eso, el jugoso libro de Frank Warren *PostSecret: Extraordinary Confessions from Ordinary Lives* (Correo secreto: confesiones extraordinarias de la gente común) se está vendiendo como pan caliente. Está repleto[1] de secretos sorprendentes, escritos anónimamente en tarjetas enviadas por correo al autor.

---
[1] **repleto** lleno

Con el propósito de revelar la solapada[2] (y a veces siniestra) cara de la humanidad, *Cosmo* logró que las lectoras confesaran sus más impúdicos secretos. Advertencia: ¡cuidado!, te pueden dejar en *shock*.

Tarjeta #1

"Estaba muy aburrida porque iba a visitar a una antigua amiga de la universidad, que vivía en otra ciudad. Pero cuando llegué, ella sólo hablaba de sus fabulosas nuevas amigas. Yo esperaba pasar un tiempo a solas con ella para hablar de nuestras cosas, pero invitaba a sus compinches[3] a todas partes. Me irrité tanto, que le robé sus tenis[4] favoritos y me los llevé en mi maleta. Hace un año de eso y aún los tengo en mi closet."

Tarjeta #2

"Una noche estaba en un bar con mi novio, y una chica que él conocía del trabajo, completamente borracha, se le acercó y empezó a flirtear sin escrúpulos. ¡Era repulsivo! Ella sabía muy bien que él era mi novio, pero actuaba como si yo no estuviera presente. Así que, mientras no miraba, vertí mi copa de vino tinto[5] en su carísimo bolso de diseñador[6]."

Tarjeta #3

"Cada vez que voy a algún lugar en el que sé que nadie me conoce, hablo con acento extranjero: a veces inglés, otras francés o italiano. Invento historias muy interesantes sobre los motivos que me impulsaron a venir al país, y lo que es vivir en un lugar diferente de donde se nace. Nunca he ido ni de visita a otro sitio, pero me siento muy exótica cuando logro que la gente piense que soy extranjera.

Tarjeta #4

"Cuando me enojo con mi novio, dejo que nuestro perro le pase la lengua a su plato antes de llevarlo a la mesa desde la cocina. Es algo que me produce una gran satisfacción. Además él nunca se entera de lo que hago.

[2] **solapada** escondida
[3] **compinches** amigos, compañeros, pero la palabra tiene una connotación negativa
[4] **tenis** zapatos que se usan para jugar al tenis
[5] **tinto** rojo
[6] **bolso de diseñador** *designer bag*

Tarjeta #5

"Cuando mi amiga y yo estudiábamos, éramos muy competitivas con las notas. En la universidad, solíamos estudiar juntas para los exámenes. Alguna que otra vez hacía tarjetas con las respuestas equivocadas y las usaba en nuestras sesiones de estudio. Después de repasar con ella, me iba a casa y memorizaba las respuestas correctas. Nunca supo por qué mis notas en los exámenes casi siempre eran más altas que las suyas."

Tarjeta #6

"La amiga que vive conmigo es muy holgazana y nunca limpia lo que ensucia. Una noche llegué a casa después de un largo día de trabajo y encontré el apartamento en completo desorden. Era invierno y me sentí tan frustrada con ella, que salí y vertí agua sobre los bordes de las puertas de su auto para que se congelara[7]. El otro día llegó con dos horas de retraso[8] a su trabajo porque no podía abrir el auto."

[7]**congelar** lo que pasa al agua a muy baja temperatura
[8]**de retraso** tarde

V Ejercicios

A. Comprendamos. Selecciona la mejor respuesta para completar cada frase.

1. Las tarjetas representan _____.

   a. los capítulos de una novela

   b. los secretos de algunas mujeres que leen la revista *Cosmo*

   c. las confesiones de crímenes graves

   d. las cartas de Frank Warren a sus amigos

2. En el segundo párrafo de la introducción, el significado más probable de "impúdicos" es _____.

   a. obscenos o indecentes

   b. débiles

   c. aburridos

   d. ordinarios

3. En la Tarjeta #1 la mujer se enoja porque su amiga _____.
   a. le roba los zapatos
   b. se fue a otra ciudad
   c. presta más atención a otras amigas
   d. no la invitó a visitarla

4. En la Tarjeta #2 el significado más probable de "carísimo" es _____.
   a. viejo
   b. rojo
   c. que cuesta poco dinero
   d. que cuesta mucho dinero

5. La escritora de la Tarjeta #3 es culpable de _____.
   a. destruir algo de gran valor
   b. mentir, decir cosas falsas
   c. abandonar a su familia
   d. insultar a personas con acentos extranjeros

6. En la Tarjeta #4 el significado más probable de "se entera de" es _____.
   a. se da cuenta de
   b. se enoja
   c. se enferma
   d. se alegra

7. El objetivo principal de la escritora de la Tarjeta #5 es _____.
   a. que su amiga deba irse de la universidad
   b. sacarse notas más altas que las de su amiga
   c. que su amiga se sienta estúpida
   d. que las dos sean amigas para siempre

8. La venganza de la escritora de la Tarjeta #6 _____.
   a. no tuvo ningún efecto
   b. terminó en la destrucción total del auto
   c. le causó un problema a su amiga
   d. cambió la personalidad holgazana de su amiga

B. Charlemos

1. De las tarjetas que has leído, ¿cuál de las 6 escritoras te parece la más cruel?, ¿la más acertada?, ¿la más equivocada?

2. ¿Cuál es la venganza más cómica en tu opinión? ¿Por qué?

3. Describe una venganza de la que has oído o leído.

C. Escribamos

1. Selecciona una de las tarjetas y escribe una carta a la escritora. Explícale tu opinión sobre lo que ella hizo.

2. Inventa tu propia situación. Escribe una tarjeta similar a estas tarjetas.

3. Selecciona una de las tarjetas y escribe una carta desde la perspectiva de la víctima de la venganza. Por ejemplo la mujer con el bolso empapado de vino le escribe a la mujer que le vertió el vino.

D. Actividades

1. Con un compañero de clase prepara un diálogo entre una de las escritoras y la víctima de su venganza.

2. En grupos, presenta un programa de entrevistas (*talk show*) sobre el tema de la venganza o los secretos.

Capítulo 4

Taza de lluvia

TRINIDAD SÁNCHEZ, JR.

I Vocabulario

desaparecido/a perdido, invisible o escondido; lo que ya no se puede ver. Las víctimas de la policía secreta que nadie puede encontrar se llaman "los **desaparecidos**".

dulce que tiene mucho azúcar. A los niños les gusta comer helado, chocolate y otras cosas **dulces**.

endulzado/a hecho dulce. Sólo me gusta el café **endulzado**.

esconder poner algo donde nadie pueda verlo o encontrarlo; ocultar. El viejo **escondió** su dinero debajo de su cama.

escondido/a algo que no se puede ver claramente. Mi diario está tan bien **escondido** que no puedo encontrarlo.

hambriento/a que tiene necesidad de comer, que tiene hambre, que quiere comer. El perro **hambriento** miró la hamburguesa con mucho interés.

juntar unir cosas, reunirse. En los sesentas, muchos jóvenes **se juntaron** en Woodstock para oír música y celebrar la vida.

lágrima una gota de agua que sale de los ojos de una persona que llora. Me sequé las **lágrimas** porque no quería revelar mi tristeza.

llanto la acción de llorar, grito que se produce al llorar. En los funerales, se podía oír el **llanto** de la familia.

llenar poner algo en un sitio o lugar; poner una cantidad de cosas en un lugar. En la tienda Carlitos se **llenó** los brazos con jugetes, pero su madre le dijo que tenía que escoger uno.

machismo actitud de superioridad de los hombres sobre las mujeres. Según el **machismo** el hombre nunca debe lavar los platos.

macho un hombre que enseña las características del machismo, o el adjetivo que describe tal hombre. (También es el animal masculino: el gallo, el toro, etc.) Carlos se cree muy **macho** porque tiene dos mujeres.

pena dolor, tristeza, sufrimiento. Tengo **pena** por la muerte de mi perro.

recoger recolectar (*to pick up*). Antes de limpiar su dormitorio, Lauren tiene que **recoger** los libros del suelo.

taza recipiente que se usa para beber el café. Cada mañana mi padre toma el café en su **taza** favorita.

tener ganas de (+ infinitivo) querer hacer algo. Cuando estoy nerviosa, **tengo ganas de** comer.

darle a uno la gana tener el deseo de hacer algo. No **me da la gana** de estudiar ahora; vamos a la playa.

II Ejercicios de vocabulario

A. Preguntas

1. Cuando lloras, ¿tratas de esconder las lágrimas?
2. ¿Qué características asocias con la palabra "machismo"?
3. ¿Qué actor te parece muy "macho"?
4. Cuando tienes ganas de esconderte del mundo, ¿adónde vas?

B. Escribe la letra de la palabra que corresponde.

1. _____ desaparecido
2. _____ tener ganas
3. _____ macho
4. _____ esconder
5. _____ juntar
6. _____ hambriento
7. _____ recoger
8. _____ la pena
9. _____ el llanto
10. _____ llenar

a. quiere comer algo
b. el contrario de la felicidad
c. un sonido muy triste
d. describe lo que no se puede ver
e. ocupar un espacio
f. desear, querer
g. el contrario de separar
h. poner algo en un lugar secreto
i. masculino
j. coger algo que se ha caído

C. Completa la frase.

1. Después de tener un examen, tengo ganas de _____
2. El mejor lugar para esconder algo de valor es _____
3. Nunca me da la gana _____
4. Mi dulce favorito es _____.

5. En mi opinión la pena más grande es _____

6. Tengo ganas de comer dulces cuando _____

D. Escribe una frase original.

1. recoger _____

2. llenar _____

3. pena _____

4. tener ganas de _____

5. esconder _____

E. Explica. Vas a comunicar las ideas que siguen a alguien que sólo habla español. Trata de utilizar algunas palabras del vocabulario de este capítulo pero recuerda que es más importante expresar las ideas que usar el vocabulario. ¡Lo más importante es comunicar! No debes traducir palabra por palabra.

1. The bad guys went into hiding. _____

_____

2. We heard cries of grief. _____

_____

3. He's a real tough guy. _____

_____

4. I just feel like being lazy. _____

_____

III Antes de leer

1. La poesía puede celebrar la belleza, el amor o la vida por lo general. A veces la poesía expresa gran tristeza. ¿Has leído algún poema que comunica la pena de vivir?

2. A veces lloramos por penas personales, otras veces por penas de la humanidad. ¿Qué penas universales te dan ganas de llorar?

IV Lectura

*El poema que sigue es de Trinidad
Sánchez, Jr. Él es poeta contemporáneo y
es chicano (de origen mexicano que vive
en los Estados Unidos). El poema,* Taza
de lluvia *es de su libro* Jalapeño Blues.
*En el poema, Sánchez se refiere a dos
aspectos importantes de la cultura
mexicana. Uno es el machismo: el
estereotipo del hombre que insiste en que
éste es siempre más fuerte y dominante.
Otro es una referencia a Chacmool, un
dios que es una mezcla del dios azteca de
la lluvia y del dios que recibe como
ofrendas[1] los corazones de sacrificios
humanos.*

[1] **ofrendas** cosas o regalos que se ofrecen a un dios

TAZA DE LLUVIA

1 Quería colectar
  las lágrimas
  llantos de mil noches
  lágrimas de las noches negras.
5 Llantos de las madres indígenas
  que gritan de un corazón roto
  por sus familias desarraigadas[2].
  Deseo tanto de juntar
  las lágrimas escondidas,
10 llantos de mil vidas
  de aquellos padres
  lágrimas de noches sin día
  llantos que no se oyen
  de ojos secos
15 lágrimas guardadas
  en aquel desierto
  del machismo.
  Rápido ayúdame 2 recoger
  las lágrimas de los niños

[2] **desarraigadas** exiliados, lejos de su hogar

> 20 hambrientos, malnutridos
> sin destino y desaparecidos
> víctimas de la sociedad
> que da más valor al dinero
> que a la humanidad.
> 25 Al fin pa'[3] llenarlo
> en mi taza de lluvia
> como ofrenda a Chacmool
> dios de la lluvia
> que me la cambie
> 30 en agua endulzada
> agua fresca
> agua viva!

[3] **pa'** para

V Ejercicios

A. Comprendamos. Selecciona la mejor respuesta para completar cada frase.

1. Las lágrimas del poema representan _____.
   a. la pena del poeta
   b. el sufrimiento de los pobres
   c. la pena de los niños
   d. la pena de toda la humanidad

2. Las lágrimas se comparan con la lluvia. El machismo se compara con un desierto porque _____.
   a. los hombres no quieren llorar
   b. según el estereotipo los hombres no lloran
   c. los hombres no necesitan llorar
   d. el desierto es un lugar sin tristeza

3. En las líneas 18–24, el poeta critica la sociedad por _____.
   a. ser materialista
   b. creer en el machismo
   c. llorar demasiado
   d. no permitir que los niños lloren

4. En las últimas líneas del poema, el poeta quiere que Chacmool cambie la lluvia (o las lágrimas) por agua dulce, fresca y viva. Esto significa que _____.

   a. los niños deben comer dulces y estar contentos

   b. la pena de las lágrimas debe convertirse en felicidad y optimismo

   c. el dios Chacmool debe volver a México

   d. el poeta ha perdido su esperanza y optimismo

B. Charlemos

1. ¿Cuáles son las ideas centrales de *Taza de lluvia*? ¿Qué quiere comunicar el poeta?

2. ¿Qué impresión tienes del poeta y de sus valores después de leer *Taza de lluvia*?

3. Trinidad Sánchez habla de "la sociedad que da más valor al dinero que a la humanidad". ¿Es una crítica justa de nuestra sociedad? Explica y defiende tu opinión.

C. Escribamos

1. Escribe una carta a Trinidad Sánchez. En la carta puedes comunicar tu opinión sobre las ideas expresadas en su poema.

2. Escribe tu propio poema utilizando el simbolismo de las lágrimas.

3. Trinidad Sánchez tiene poemas en los que mezcla el inglés y el español. Por ejemplo, en esta estrofa del poema *Cara*, las dos lenguas parecen una:

> Cara—the act of resistance
> truly ourselves, not two-faced
> but proud of who we are
> full of cariño y sonrisa
> en el mero[1] de nuestro corazón
> bien listo and ready
> to face the primavera
> of the new millennium.

[1] **mero** lo puro y simple

Escribe tu propio poema usando una mezcla de español e inglés.

D. Actividades

1. Encuentra razones que justifiquen la idea de que somos una sociedad "que da más valor al dinero que a la humanidad". Puedes buscar anuncios (*ads*) en periódicos y revistas, anuncios comerciales de la tele o programas que reflejen esta idea de una sociedad materialista. ¿Crees que nuestra autoestima se basa en imágenes, posesiones, ropa, carros, etc.?

2. Lee información de una organización que ayuda a niños de un país latinoamericano. Escribe como la organización mejora la vida de los niños.

Capítulo 5

Pánico en el aire

DE LA REVISTA *BUEN HOGAR*

I Vocabulario

angustia dolor, pena, tristeza y agitación, muchas veces a causa de un peligro. El paciente sentía gran **angustia** la noche antes de la operación.

ansiedad inquietud, intranquilidad, angustia emocional. La madre sintió mucha **ansiedad** cuando no encontró a su hijo.

aterrorizar causar miedo o terror. El monstruo Frankenstein **aterrorizó** a la gente del pueblo.

consejos recomendaciones. El psicólogo les da **consejos** a personas con problemas personales.

empeorar hacer peor, lo contrario de mejorar. Comer sólo dulces puede **empeorar** la salud de una persona.

evitar 1) impedir que algo ocurra. Si conduces con cuidado, puedes **evitar** un accidente. 2) tratar de no encontrarse con algo o con alguien. Trato de **evitar** a personas aburridas.

peligro algo que produce la posibilidad de daño o destrucción. Una persona que conduce borracha representa un gran **peligro** para otros conductores.

relajarse descansar, quitarse la tensión. Después del examen, voy al cine para **relajarme**.

seguridad el sentimiento de no tener miedo, de estar libre de peligros. Elsa vive en un edificio que nunca tiene problemas con la **seguridad**.

seguro/a 1) libre de peligros. Los brazos de la mamá son un lugar muy **seguro** para el niño. 2) cierto. Julieta está **segura** de que Romeo la quiere.

sin embargo no obstante, a pesar de. Carlos tiene miedo de volar. **Sin embargo** tiene que volar para juntarse con su novia.

tener miedo sentir terror. Los criminales **tienen miedo** del Superhombre.

volar ir por el aire. El Superhombre **vuela** como los aviones y los pájaros.

II Ejercicios de vocabulario

A. Preguntas

1. ¿Has viajado en avión? ¿Te gusta volar? ¿Tienes miedo de volar?
2. ¿Cuál es el peligro más grave del mundo de hoy?
3. ¿Qué haces para relajarte?
4. ¿Qué haces para evitar el estrés antes de un examen?
5. ¿Qué película te ha aterrorizado más?
6. ¿Quién te da los mejores consejos?
7. ¿Tienes miedo de los insectos? Cuenta una experiencia que hayas tenido con un insecto horroroso.

B. Escribe la letra de la palabra que corresponde.

1. _____ evitar
2. _____ ansiedad
3. _____ relajarse
4. _____ peligro
5. _____ dar consejos
6. _____ volar
7. _____ empeorar
8. _____ aterrorizar

a. divertirse, mirar la televisión, etc.
b. estado emocional de intranquilidad
c. viajar en avión
d. hacer un problema más grave o serio
e. algo que puede hacerle daño a una persona
f. quedar lejos de; no acercarse a
g. causar gran miedo
h. ofrecer respuestas posibles a un problema

C. Completa la frase.

1. Siento gran ansiedad cuando pienso en _____

2. Me siento más seguro/a cuando estoy _____

3. A veces la relación entre dos amigos puede empeorar cuando _____

_____

4. No puedo relajarme cuando _____

5. Trato de evitar a personas que _____

6. Tengo miedo de _____, sin embargo yo _____

D. Escribe una frase original.

1. tener miedo _____

2. evitar _____

3. sin embargo _____

4. consejos _____

5. relajarse _____

E. Explica. Vas a comunicar las ideas que siguen a alguien que sólo habla español. Trata de utilizar algunas palabras del vocabulario de este capítulo pero recuerda que es más importante expresar las ideas que usar el vocabulario.¡Lo más importante es comunicar! No debes traducir palabra por palabra.

1. He's afraid of his own shadow. _____

_____

2. We face danger without fear. _____

_____

3. Try to avoid trouble. _____

_____

4. The extra terrestrials terrorized the planet. _____

_____

III Antes de leer

1. ¿Conoces a alguien que tenga miedo de volar? ¿Puede esta persona viajar en avión?
2. ¿Has tenido miedo de hacer algo alguna vez y sin embargo lo has hecho?
3. En realidad hay más peligro cuando uno viaja en auto que por avión. Sin embargo mucha gente tiene más miedo de volar. En tu opinión, ¿por qué pasa esto?

IV Lectura

PÁNICO EN EL AIRE

Un alto porcentaje de las personas siente miedo, o mejor dicho, pánico de volar en avión. Aunque hoy día este sea un hecho muy común, todavía hay quienes sufren antes y durante el viaje. Para esas personas, tener los pies en la tierra representa estabilidad y seguridad. Sin embargo, está comprobado que viajar en avión es uno de los medios más seguros. Si hacerlo te aterroriza, considera lo siguiente:

1. **Antes de viajar** evita lo que pueda causarte estrés y angustias de último momento.
2. **Si durante el despegue** o en cualquier momento del vuelo sientes miedo, no cierres los ojos. Esto empeora la situación ya que pierdes contacto con la realidad.
3. **Visualiza momentos** de placer, relájate, respira profundamente y no estés atento a cada sonido. Trata de ocupar la mente con otras cosas (mira una revista) o ponte los audífonos para escuchar música.
4. **No tomes medicinas** a menos que sean recetadas por el médico. Los medicamentos para la ansiedad pueden causar efectos indeseables. En lo posible, evita el alcohol y procura beber mucha agua.

V Ejercicios

A. Comprendamos. Selecciona la mejor respuesta para completar cada frase.

1. En el contexto de la cuarta frase, el significado más probable de "está comprobado" es que _____.

   a. es imposible

   b. es mejor

   c. no es necesario

   d. hay evidencia

2. Según el artículo, es ilógico tener miedo de volar porque _____
   a. el miedo no logra nada
   b. otras maneras de viajar son más peligrosas
   c. no puedes evitar el viaje
   d. viajar en avión es más seguro que antes

3. Para no tener tanto miedo en el avión, debes hacer todas las cosas que siguen MENOS _____.
   a. pensar en cosas agradables
   b. tener los ojos abiertos si tienes miedo
   c. evitar pensamientos de ansiedad
   d. tomar medicina

B. Charlemos

1. Todos tenemos miedos racionales e irracionales. ¿Cuáles son algunos miedos (lógicos e ilógicos) que tú tienes o que otros tienen?
2. Hay miedos o fobias muy raras, como el miedo a los botones, el miedo al número 13, el miedo a la comida blanca. ¿Conoces otras fobias raras?
3. Un miedo muy común es el de los insectos. Describe una experiencia personal o de otra persona con un insecto aterrorizador.

C. Escribamos

1. El artículo ofrece consejos para evitar el pánico en un avión. Selecciona otro tipo de miedo y escribe cuatro consejos para una persona que sufre de este miedo. Puedes utilizar el verbo "deber" o puedes utilizar mandatos. Los consejos pueden ser serios o divertidos.
2. Escribe un cuento corto o un poema sobre un miedo.

D. Actividades

1. En grupos, presenta una sátira o una escena de un programa de televisión que ayuda a gente con problemas. El consejero o psicólogo ofrece consejos a varias personas que sufren de varias fobias.
2. Con un compañero de clase presenta una sátira o una escena ilustrando un miedo. Puede ser una escena de un hombre nervioso en un avión, una persona que tiene un animal o insecto en su casa, etc.

Repaso de
Vocabulario I

A. Completa el crucigrama usando las siguientes palabras:

llevan	taza	dan	único
enoja	débil	da	tenemos
lograr	soler	esclavo	llena
recoges	rechazar	volaron	barrio
sin	libertad	dulces	seguro
país	lugar	mima	evito

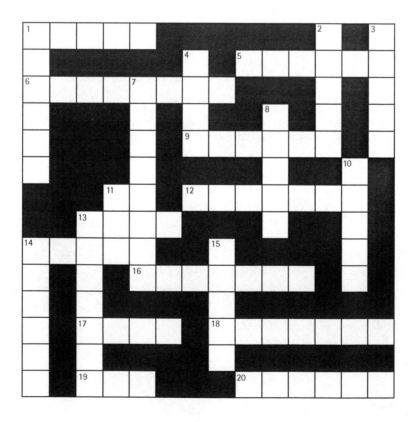

Horizontal

1. Lo contrario de fuerte
5. Los hermanos siempre se insultan y luchan. Ellos no se _____ bien.
6. Un esclavo no puede hacer lo que quiere; no tiene la _____.
9. Yo tengo sospechas sobre la identidad de aquel hombre. No estoy _____ de que él diga la verdad.
11. La madre se _____ cuenta de que el niño tiene gran ansiedad cuando visita al médico.
12. Cuando unos niños luchaban en la cafetería, dos sandwiches _____ por el aire.
13. Lo que se usa para beber el café
14. En Halloween la niña va de puerta en puerta y _____ su bolso de dulces.
16. Si tú no _____ tu ropa del suelo, se va a ensuciar.
17. La madre siempre _____ al niño y por eso él está acostumbrado a tener todo lo que quiere.
18. Un hombre que no tiene libertad
19. Mi amigo no es muy alto. _____ embargo es un buen jugador de baloncesto.
20. Tengo muchos amigos que viven cerca. Vivimos en el mismo _____.

Vertical

1. El chocolate y el caramelo son muy _____.
2. Tengo miedo de volar y por eso siempre _____ los viajes por avión.
3. El muchacho mimado se _____ si no recibe lo que quiere.
4. Argentina es un _____ muy grande.
7. No aceptar algo
8. Sitio
10. Sólo hay uno; no existe otro
11. Muchas personas no se _____ cuenta de lo que pasa en otros países.
13. Estamos muy cansados hoy y no _____ ganas de trabajar.
14. Con inteligencia y mucho trabajo pueden _____ cosas maravillosas.
15. Tener la costumbre de hacer algo

B. Selecciona la mejor respuesta para completar la frase.

1. Si sigues al norte, vas a cruzar la _____ y entrar en Canadá.
   a. lágrima
   b. sospecha
   c. frontera
   d. pena

2. Mi madre es una cocinera malísima. Sólo una persona muy _____ puede comer lo que prepara ella.
   a. endulzada
   b. hambrienta
   c. caprichosa
   d. mimada

3. Mi hermano es muy _____; él mira la televisión mientras que nosotros limpiamos la casa.
   a. diverso
   b. seguro
   c. holgazán
   d. enojado

4. Es mejor tener un _____ tranquilo en la casa para que la familia pueda relajarse.
   a. ambiente
   b. llanto
   c. peligro
   d. machismo

5. Mi familia es muy grande. Cuando comemos en un restaurante es necesesario _____ dos mesas para nosotros.
   a. esconder
   b. llenar
   c. juntar
   d. rechazar

6. Mi hermano _____ la idea de ser abogado porque prefería ser escritor.
   a. esforzó
   b. rechazó
   c. asombró
   d. recogió

7. El niño _____ flores del jardín para dárselas a su mamá.
   a. recogió
   b. escondió
   c. ensució
   d. solió

8. El perro _____ dormir en el sofá. Es su lugar favorito.
   a. logra
   b. suele
   c. desarrolla
   d. venga

9. Los Aztecas juraron _____ contra sus enemigos.
   a. sospecha
   b. barrio
   c. venganza
   d. llanto

10. Ellos _____ cuando acusaron a un hombre inocente.

    a. llenaron

    b. se equivocaron

    c. se enojaron

    d. evitaron

C. Escribe la letra de la palabra que corresponde.

1. _____ equivocarse

2. _____ llanto

3. _____ limpiar

4. _____ machismo

5. _____ ser holgazán

6. _____ darse cuenta de

7. _____ asombrar

8. _____ llegar a ser

9. _____ tener ganas de

10. _____ aburrido

a. no esforzarse para hacer nada

b. hacerse

c. sorprender

d. que no tiene interés

e. el contrario de ensuciar

f. acción que produce muchas lágrimas

g. querer hacer algo

h. no ignorar algo

i. no hacer la cosa correcta

j. estereotipo masculino rechazado por feministas

D. Explica estos modismos a alguien que no habla inglés. (No debes traducir la frase literalmente, sino explicar el significado).

1. Better late than never. _____

2. He's clueless. _____

3. Don't make a mountain out of a molehill. Don't make such a big deal out of it. _____

4. Every cloud has a silver lining. _____

5. What will be, will be. _____

E. Escoge el modismo español que corresponde a cada modismo en el Ejercicio D. Escribe los números.

    a. No hay mal que por bien no venga. _____

    b. Más vale tarde que nunca. _____

    c. Qué será, será. _____

    d. No hay que ahogarse (*drown*) en un vaso de agua. _____

    e. No tiene la menor idea. _____

Capítulo 6

Diarios de motocicleta

ERNESTO "CHE" GUEVARA

I Vocabulario

aprovechar 1) utilizar, usar algo, obtener un beneficio o algo bueno. Los niños **aprovecharon** el día de sol para ir a la playa. 2) **aprovecharse de** servirse de. Juan **se aprovechó de** la ausencia de sus padres para tener una fiesta.

dejar 1) abandonar, separarse de algo. Babe Ruth **dejó** a los Red Sox de Boston y se fue a jugar con los Yankees de Nueva York. 2) no llevar algo consigo. No pude hacer la tarea porque **dejé** mis libros en la escuela.

ensueño (m.) sueño, ilusión, fantasía, imaginación. En sus **ensueños**, la joven actriz se ve aceptando un "Emmy".

espíritu (m.) carácter, esencia. El poema *Taza de lluvia* expresa un **espíritu** generoso y cariñoso.

harto/a estar harto no poder tolerar más, estar cansado de algo. La mujer dejó a su esposo porque ella **está harta** de su machismo.

lamentarse quejarse, o expresar disgusto o pena. El hijo de padres muy estrictos **se lamenta de** la falta de libertad.

odiar lo contrario de amar. Se dice que los perros y los gatos se **odian** y que siempre luchan pero hay algunos que se llevan bien.

poderoso/a muy fuerte. El amor es una emoción muy **poderosa** y puede cambiar la vida de una persona.

quedar, quedarse 1) no irse. Después de la clase, los alumnos se van pero la profesora **se queda** esperando la próxima clase. 2) terminar. Después de comprar todos los regalos, **me quedé** sin dinero; sin embargo **me quedé** muy contento.

quejarse lamentarse. Los alumnos **se quejan** de tener mucha tarea.

soñador/a persona que tiene fantasías con frecuencia. Ella es una **soñadora**; siempre está pensando en el amor ideal.

II Ejercicios de vocabulario

A. Preguntas

1. ¿Cuáles son algunos ensueños comunes que tienen muchas personas?

2. ¿Quién es un buen ejemplo de una persona soñadora? (Puede ser una persona real o un personaje de ficción).

3. ¿De qué te quejas? ¿De qué se quejan tus padres? ¿Y tus amigos?

4. ¿Quién es el superhéroe más poderoso en tu opinión?

5. ¿Qué clase de películas o libros odias?

6. ¿Puedes nombrar atletas famosos que dejaron sus equipos y se fueron a otros?

B. Escribe la letra de la palabra que corresponde.

1. _____ ensueño
2. _____ odiar
3. _____ quedarse
4. _____ quejarse
5. _____ estar harto
6. _____ soñadora
7. _____ poderoso
8. _____ dejar

a. no querer más
b. abandonar
c. persona que se imagina muchas cosas
d. sentir emociones negativas
e. imaginación
f. fuerte
g. no irse
h. lamentarse

C. Completa la frase.

1. No quiero quedarme en un lugar que _____

2. Después de ver la película _____, me quedé

   _____.

3. Ahora en nuestro país, muchas personas se lamentan de _____

   _____

4. _____ es una de mis personas favoritas a

   causa de su espíritu _____.

5. Estoy harto/a de _____

6. Soy muy afortunado/a porque aprovecho _____

D. Escribe una frase original.

1. quedar _____

2. quedarse _____

3. quejarse _____

4. estar harto/a _____

5. aprovechar _____

E. Explica. Vas a comunicar las ideas que siguen a alguien que sólo habla español. Trata de utilizar algunas palabras del vocabulario de este capítulo pero recuerda que es más importante expresar las ideas que usar el vocabulario. ¡Lo más importante es comunicar! No debes traducir palabra por palabra.

1. Seize the day. Enjoy (take advantage of) every moment. _____

_____

_____

2. Don't cry over spilt milk. _____

_____

3. I can't stand their complaining. _____

_____

4. The pen is mightier than the sword. _____

_____

5. Our world has had enough of hate. _____

_____

III Antes de leer

1. A veces, ¿deseas una vida más romántica y más llena de aventuras? ¿Dedicas mucho tiempo a soñar? ¿Conoces a personas que viven en un mundo de ensueños?

2. ¿Has viajado? ¿Has leído sobre viajes que cambian la vida de una persona?

IV Lectura

Ernesto Guevara, conocido como el "Che", nació en Argentina en 1928. Es una figura romántica y controversial, respetado y adorado por algunos, y odiado por otros por su participación en la Revolución Cubana. El Che luchó al lado de Fidel Castro. Diarios de motocicleta *se escribió mucho antes, cuando el Che era joven.*

En octubre de 1951, el Che, que estudiaba medicina, y su buen amigo Alberto Granado decidieron realizar un sueño: viajar por Latinoamérica en una motocicleta llamada la Poderosa II. El Che escribió un diario para recordar sus aventuras. Lo que sigue es una selección del diario que habla del origen del viaje y del ensueño de los dos amigos. En el momento de esta conversación, los dos han dejado trabajos en el campo de la medicina. Alberto dejó un trabajo en un hospital donde no le pagaban bien. El Che, alumno de una Facultad (escuela) de Medicina, estaba aburrido de sus estudios. En esta selección de su diario, se oye la voz del Che en primera persona.

DIARIOS DE MOTOCICLETA

Fue una mañana de octubre. Yo había ido a Córdoba, aprovechando las vacaciones del 17. Bajo la parra[1] de la casa de Alberto Granado tomábamos mate[2] dulce y comentábamos todas las últimas incidencias de "la perra vida[3]", mientras nos dedicábamos a la tarea de acondicionar la *Poderosa II*. El se lamentaba de haber tenido que abandonar su puesto en el leprosorio[4] de San Francisco

---

[1] **la parra** una área protegida por una estructura de madera
[2] **mate** una bebida caliente muy fuerte que se toma en Latinoamérica similar al té
[3] **la perra vida** la mala vida
[4] **leprosorio** hospital donde cuidan a los que sufren de una enfermedad grave que afecta la piel (la lepra)

de Chañar, y del trabajo tan mal remunerado[5] del hospital español. Yo también había tenido que abandonar mi puesto, pero a diferencia de él, estaba muy contento de haberlo dejado; sin embargo, también tenía algunas desazones[6], debidas, más que nada, a mi espíritu soñador: estaba harto de la Facultad de Medicina, de hospitales y de exámenes.

Por los caminos del ensueño llegamos a remotos países, navegamos por los mares tropicales y visitamos toda el Asia. Y de pronto . . . surgió la pregunta: "¿Y si nos vamos a Norteamérica?"

¿A Norteamérica? ¿Cómo?

Con la *Poderosa,* hombre.

Así quedó decidido el viaje . . .

Después del viaje Che comentó;

. . . no soy yo; por lo menos no soy el mismo yo interior. Ese vagar por nuestra "Mayúscula América" me ha cambiado más de lo que creí.

[5]**remunerado** pagado
[6]**desazones** disgustos, intranquilidades

V Ejercicios

A. Comprendamos. Selecciona la mejor respuesta para completar cada frase.

1. El Che es controversial _____.
   a. porque escribió un diario de opiniones fuertes
   b. a causa de sus actividades revolucionarias
   c. a causa de su manera de practicar la medicina
   d. porque era un soñador famoso

2. La *Poderosa II* es el nombre que el Che le dio a su _____.
   a. amigo Alberto
   b. perro
   c. motocicleta
   d. país

3. En su conversación, los dos amigos hacen todo lo que sigue MENOS _____.
   a. quejarse de su vida
   b. quejarse de estar aburridos

c. soñar con viajar muy lejos

d. comparar varias maneras de viajar

4. En el contexto de la frase "nos dedicábamos a la tarea de acondicionar la *Poderosa II*", el significado más probable de "acondicionar" es _____.

a. estudiar

b. instalar el aire acondicionado

c. arreglar problemas mecánicos

d. vender

5. El Che no tiene ganas de quedarse en la Facultad de Medicina porque _____.

a. no le pagan

b. él está aburrido e intranquilo

c. no quiere ver más sufrimiento

d. está fatigado y necesita dormir más

B. Charlemos

1. ¿Eres soñador? ¿Adónde vas en tus ensueños? ¿Cuál sería tu viaje ideal?, ¿y tu profesión de ensueños?, ¿y tu estilo de vida ideal?

2. Da un ejemplo de una persona que ha vivido su sueño. Por ejemplo, J. K. Rowling era una madre soltera, muy pobre que soñaba con ser escritora y poder ganar dinero para tener una vida mejor para ella y su hijo. Se puso a escribir *Harry Potter* y se convirtió en una persona rica y famosa.

3. El Che Guevara era una persona diferente después de su viaje. ¿Puedes pensar en experiencias que cambian la vida de una persona? ¿Has tenido una experiencia que ha cambiado tu manera de pensar o vivir?

C. Escribamos

1. Escribe una lista de tus diversos ensueños (románticos, de viajes, de profesiones, etc.). Después la profesora puede recoger las listas y re-distribuirlas. Trata de decidir de quién es la lista que tu profesora te dio.

2. Escribe tu propio diario. Puedes escribir tus pensamientos, tus problemas, las cosas que te afectan cada día, etc.

D. Actividades

1. Lee otro capítulo de "Diarios de motocicleta". Discute lo que leíste con la clase.

2. A muchos jóvenes les encantan las motocicletas. A muchos padres les parecen muy peligrosas. Con un compañero de clase, presenta un diálogo entre una madre o un padre y su hijo o hija que quiere una moto (motocicleta).

3. El viaje fue planeado por el Che y su mejor amigo. Con un compañero de clase, presenta un diálogo entre dos amigos que planean una aventura.

Capítulo 7

¿Qué odian los hombres de las mujeres?

DE LA REVISTA *MARIE CLAIRE*

I Vocabulario

acuerdo/a estar de acuerdo tener la misma opinión. Hay diversas opiniones sobre el calentamiento global (*global warming*). Algunos políticos no **están de acuerdo** con Al Gore.

aparentar ser falso, tratar de ser alguien o algo que no eres. El niño **aparentaba** alegría cuando nació su hermanito, pero en realidad tenía miedo de perder el amor de sus padres.

apoyar 1) sostener o ayudar (*to support*). El hombre se sentía tan débil que tuvo que **apoyarse** en un árbol para no caerse. 2) hablar a favor de algo o alguien, estar de acuerdo con alguien o con una idea. Es muy tonto **apoyar** a un candidato político sólo porque es guapo.

celos (m. pl.) temor a que la persona amada prefiera a otra persona, la envidia. **Los celos** son una emoción muy destructiva.

tener celos sentir envidia. La mujer **tiene celos** cuando otra mujer empieza a flirtear con su novio.

coincidir estar de acuerdo. Mi profesor y yo **coincidimos** en mi nota del curso; él me dio una "A+" y yo creo que me dio una nota justa.

cómodo/a confortable. Siempre estoy más **cómoda** en mi propia casa.

compras (f. pl.) cosas que se compran. Cuando volví de la tienda puse mis **compras** en la mesa. **ir de compras** ir a una tienda u otro sitio para comprar algo. Hay jóvenes que **van de compras** al centro comercial todos los sábados.

conforme de acuerdo. Los alumnos no están **conformes**

con las reglas de la escuela; ellos quieren más libertad.

defecto imperfección. Tener celos es un gran **defecto** del ser humano.

detestar odiar. Mi amiga **detesta** a las personas que son crueles con los animales.

dudar no estar seguro de algo. **Dudo** de la honestidad del hombre que ha dicho mentiras en el pasado.

duda sospecha o incertidumbre. No hay **duda** de que la Madre Teresa era una mujer buena y generosa.

entrevista conversación, reunión de dos personas en la que una persona hace preguntas a la otra. Mi amiga hace **entrevistas** a muchas personas famosas para su trabajo en una revista.

entrevistar hacer una entrevista. Yo **entrevisté** a la nueva profesora para el periódico escolar.

entrevistado/a la persona a quién se le hacen las preguntas. Aquel actor es un **entrevistado** popular porque a veces dice cosas raras.

fingir aparentar. El policía **finge** ser un alumno para encontrar al narcotraficante.

incómodo no confortable. Mi amiga es muy tímida; ella siempre está **incómoda** en una fiesta si no conoce a nadie.

malentendido cuando una persona no entiende bien a otra. Los dos amigos sufrieron un **malentendido** y ahora no se hablan.

soportar tolerar. No puedo **soportar** a personas egoístas que sólo hablan de sí mismas.

sobresalir ser notable, atraer la atención. Julia **sobresale** entre las otras actrices bonitas por su sonrisa maravillosa.

II Ejercicios de vocabulario

A. Preguntas

1. Si pudieras entrevistar a cualquier persona (viva o muerta, real o ficticia), ¿a quién querrías entrevistar?

2. ¿En qué sitio del mundo estás más cómodo/a?

3. ¿En qué lugar del mundo estás más incómodo/a? ¿Por qué?

4. ¿Quién sobresale entre todos los actores? ¿Y entre los atletas?

5. ¿Qué defecto del ser humano detestas más?

6. ¿A veces aparentas una emoción u opinión que no tienes? ¿Por qué?

7. ¿Por qué vamos de compras cuando no necesitamos nada?

8. ¿Cuál es el peor malentendido que has tenido con un amigo?

B. Escribe la letra de la palabra que corresponde.

1. _____ ir de compras

2. _____ sobresalir

3. _____ fingir

4. _____ soportar

5. _____ entrevista

6. _____ detestar

7. _____ incómodo

8. _____ dudar

9. _____ coincidir

10. _____ celos

a. odiar

b. tener la misma opinión, estar conforme, estar de acuerdo

c. no contento, no relajado

d. visitar las tiendas, gastar dinero (quizás)

e. hacer algo mejor que otros

f. aparentar

g. poder aceptar

h. conversación que se oye en la radio o la televisión

i. tener sospechas

j. reacción al ver a una persona amada con otra persona

C. Completa la frase.

1. No puedo soportar a personas que _____ _____

2. Me gustaría sobresalir en el campo de _____

3. No dudo que _____

4. Las personas que me apoyan más en la vida son _____

5. No estoy de acuerdo con mis padres cuando dicen _____

6. No estoy conforme con mis amigos cuando piensan _____

7. A veces los jóvenes fingen estar enfermos porque _____

8. Un defecto común de los seres humanos es _____

D. Escribe una frase original.

1. estar de acuerdo _____

2. apoyar _____

3. tener celos _____

4. fingir _____

5. dudar _____

E. Explica. Vas a comunicar las ideas que siguen a alguien que sólo habla español. Trata de utilizar algunas palabras del vocabulario de este capítulo pero recuerda que es más importante expresar las ideas que usar el vocabulario. ¡Lo más importante es comunicar! No debes traducir palabra por palabra.

1. He's not that into you. He's just faking it. _____

_____

2. People with their own faults should tolerate the imperfections of others. _____

_____

3. The Oscars go to those who outshine the rest. _____

_____

4. He is a shy child. He's always uncomfortable around others. _____

_____

_____

5. When the going gets tough, the tough go shopping. _____

_____

_____

III Antes de leer

1. Un aspecto universal de nuestra sociedad es la batalla entre los sexos. ¿Crees que hay diferencias biológicas entre la personalidad masculina y femenina, o es un resultado de influencias sociales y de la manera diferente de tratar a los niños y las niñas?
2. ¿Todavía hay sexismo en nuestra sociedad? Explica.

IV Lectura

Lo que sigue es una selección de un artículo de la revista Marie Claire. *Después de leer el artículo, decide si las opiniones de estos hombres son machistas o no.*

¿QUÉ ODIAN LOS HOMBRES DE LAS MUJERES?

No es la celulitis, las compras compulsivas o que tengamos unos kilos de más. Salimos a la calle con una duda. Y ellos nos confesaron qué es lo que más detestan que hagamos las mujeres. Toma nota, si quieres . . .

De 100 entrevistados, el 85 por ciento coinciden: lo que menos soportan en una relación de pareja es que la mujer no tome la iniciativa . . . Los celos obsesivos . . . le siguen muy de cerca.

Entrevista #1: Luis Caballero
"No me gustan las que aparentan, las que no son ellas mismas o adoptan una pose de 'yo soy superior, algo mágico'".

Entrevista #2: Leonel Bardin
"No me gustan las que se arreglan demasiado. Las mujeres más bonitas son las más naturales".

Entrevista #3: Isaac Gómez
"Yo no soy machista, apoyo a la mujer que trabaja y que hace todo lo que quiere. Pero tampoco me gusta que sobresalga, aunque si lo quiere hacer pues ya es su bronca[1]".

Entrevista #4: Ricardo García
"¿Qué hacemos? Y contesta: lo que quieras. Y cuando dices algo, no está conforme. ¡Entonces que propongan[2] ellas!"

Entrevista #5: Jesús González
"No soporto los malentendidos, ni a las mujeres que se enojan antes de preguntar."

Entrevista #6: Francisco Ríos
"Lo peor es el silencio incómodo, cuando se quedan sin nada que decir."

---

[1] **bronca** pelea, problema
[2] **que propongan** que digan qué quieren hacer

V Ejercicios

A. Comprendamos. Selecciona la mejor respuesta para completar la frase.

1. Según el artículo, el peso de la mujer (si ella es flaca o gorda) _____.
   a. no es tan importante como se pensaba
   b. le importa mucho al hombre
   c. es el centro de muchas quejas de los hombres
   d. es una obsesión de la mujer

2. Según la introducción, la gran mayoría de los hombres quiere que la mujer _____.
   a. haga lo que el hombre quiere
   b. sea más activa en la relación, que no deje todo en manos del hombre
   c. pierda su celulitis
   d. no gaste tanto dinero

3. Lo que dice Isaac Gómez puede parecer _____.
   a. lógico
   b. contradictorio, hipócrita y machista
   c. muy agradable y dulce
   d. muy liberal

4. Las quejas de los hombres incluyen todo lo siguiente MENOS _____.
   a. el egoísmo o la superioridad de la mujer
   b. la tendencia de la mujer de flirtear con otros hombres
   c. el uso excesivo de maquillaje (lápiz de labios, cosméticos, etc.)
   d. la falta de comunicación clara y directa entre las dos personas

B. Charlemos.

1. ¿Qué piensas de este artículo? ¿Te parece divertido?, ¿ofensivo?, ¿tonto?, ¿controvertido (*controversial*)? Explica tu respuesta.

2. Las quejas de cada hombre entrevistado son generalizaciones o estereotipos con respecto a la mujer. ¿Es siempre un error pensar en generalizaciones según el sexo de una persona? Explica tu respuesta.

3. Decide si las quejas que tienen los hombres entrevistados pueden aplicarse al hombre y a la mujer igualmente.

4. ¿Has tenido silencios incómodos con alguien, como Francisco Ríos en la entrevista #6? ¿Qué factores determinan si un silencio es cómodo o incómodo?

5. De los seis hombres, ¿quién expresa la queja más legítima?, ¿y la más ridícula?

C. Escribamos

1. Escribe tu propia lista de quejas. Puedes escribir una lista quejándote de las mujeres y otra quejándote de los hombres.

2. Escribe una carta a uno de los hombres entrevistados. Expresa tu opinión sobre lo que él dice.

D. Actividades

1. Con un compañero de clase presenta una entrevista que ocurre en una agencia que trata de encontrar la pareja perfecta para los clientes. Una persona le hace preguntas al cliente sobre sus quejas y sobre lo que le gusta en un novio o novia. "El/la cliente" responde a las preguntas.

2. En grupos de tres o cuatro personas, presenten escenas en las que un grupo de amigos se queja de los defectos de los seres humanos (hombres o mujeres) que les molestan más.

Capítulo 8

Mala onda

ALBERTO FUGUET

I Vocabulario

acariciar tocar suave y cariñosamente algo o a alguien. La madre **acaricia** a su hijo y le da besos en la cabeza.

arrepentirse (ie) sentir pena por algo que has hecho. **Me arrepiento** de enojarme tan fácilmente con mi mejor amigo.

cariño emoción de amistad o amor, no necesariamente romántico, como entre amigos. La madre siente gran **cariño** por sus hijos.

dormirse (ue) empezar a dormir. La profesora se enojó porque el alumno **se durmió** en la clase.

enamorarse de empezar a sentir el amor por otra persona. Mi padre **se enamoró** de mi madre a primera vista.

hombro la parte del cuerpo humano entre el cuello y el brazo. El pirata lleva un loro (un pájaro grande) en su **hombro**.

molestar fastidiar, irritar a una persona quitándole la tranquilidad o el bienestar. Cuando trato de estudiar, mi hermanito siempre me **molesta**.

recordar (ue) tener en la memoria. **Recuerdo** bien el primer momento cuando vi a mi amor.

sonreír (i) hacer un movimiento de los labios que indica felicidad. La actriz **sonrió** cuando recibió su Oscar.

sonrisa acción de sonreír. La **sonrisa** de Mona Lisa es muy famosa.

suave delicado, agradable al tacto. El bebé tiene la piel muy **suave**.

tierno/a suave, lleno de cariño. Pablo es un hombre muy fuerte y poderoso pero es muy **tierno** con sus hijos.

voz (f.) sonido producido por una persona cuando habla. La **voz** de esta cantante es muy bella y me gusta oírla cantar.

II Ejercicios de vocabulario

A. Preguntas

1. Nombra dos personas famosas que se enamoraron este año.

2. ¿Quién tiene la sonrisa más bella en tu opinión?

3. ¿Quién tiene la voz más bella en tu opinión?

4. ¿Cuál es el primer momento de tu niñez que puedes recordar?

5. Nombra dos o tres cosas muy suaves.

6. ¿Qué cosas haces que les molesta a tus padres?

7. ¿Qué hacen tus padres que te molesta a ti?

B. Escribe la letra de la palabra que corresponde.

1. _____ la voz
2. _____ recordar
3. _____ hombro
4. _____ arrepentirse
5. _____ sonrisa
6. _____ cariño
7. _____ suave
8. _____ acariciar
9. _____ dormirse
10. _____ molestar

a. agradable al tacto
b. el contrario de despertarse
c. lo que se oye cuando una persona habla
d. hacer una acción cariñosa
e. poner incómodo a alguien, irritar
f. el contrario de olvidar
g. parte del cuerpo humano
h. un amor tierno
i. no estar contento con lo que has hecho
j. se encuentra en la cara de una persona feliz

C. Completa la frase.

1. Siempre me molesta cuando alguien _____

2. Mi amigo se sonrió cuando yo _____

3. Debes ser muy tierno/a con un amigo cuando _____ _____

4. Me arrepiento de _____

5. Todas las jóvenes se enamoran de _____

6. Siento gran cariño por _____

7. Una vez yo estaba tan cansado/a que me dormí en _____

8. Nunca podría enamorarme de alguien que _____

9. Me sonrío cuando pienso en _____

D. Escribe una frase original.

1. molestar _____

2. dormirse _____

3. recordar _____

4. arrepentirse _____

5. enamorarse de _____

E. Explica. Vas a comunicar las ideas que siguen a alguien que sólo habla español. Trata de utilizar algunas palabras del vocabulario de este capítulo pero recuerda que es más importante expresar las ideas que usar el vocabulario. ¡Lo más importante es comunicar! No debes traducir palabra por palabra.

1. Smile when you say that! _____

_____

2. You'll be sorry if you don't take my advice. _____

_____

3. She has a voice as soft as a child's. _____

_____

4. He falls in love with every girl he meets. _____

_____

III Antes de leer

1. Un tema universal es el amor no correspondido, cuando una persona se enamora de alguien que no la ama de igual manera. La persona rechazada puede reaccionar de diversas maneras. Discute varias posibilidades.

2. ¿Qué debe hacer una persona que recibe atención no deseada de otra persona?

IV Lectura

Mala onda, *(Bad Vibes) de Alberto Fuguet, ha llegado a ser una novela de culto entre los jóvenes latinoamericanos. El protagonista, Matías Vicuña, se compara con Holden Caulfield del libro clásico* The Catcher in the Rye. *Matías es un joven chileno, de una familia rica. Asiste a una escuela privada para los hijos de los ricos. En* Mala onda *Matías recuerda su pasado. En la selección que sigue, nos habla de un viaje en avión con otros alumnos de su clase o "curso". Los alumnos vuelven de un viaje escolar a Río de Janeiro, Brasil. Matías se sienta al lado de Antonia, una compañera de clase con quién Matías tiene una relación difícil. Una azafata (una mujer que sirve a los pasajeros en un avión), les ha dado a Matías y a Antonia unos formularios para llenar con sus "datos" o información personal. La primera voz es la de Matías. Matías le dice a Antonia que la azafata piensa que ellos son novios.*

MALA ONDA (SELECCIÓN)

Matías:—(La azafata) Debe creer que somos pololos[1]—, le dije.

Antonia:—Se equivocó, entonces—.

Matías:—No lo creas—.

Antonia:—Deja de molestarme, Matías. Si quieres, llena tú el formulario por mí . . . Tú sabes todo lo que hay que saber—.

Me dormí . . . Sé que soñé con la Antonia: recordé una tarde en su casa, los dos jugando Dilema con su hermano chico, yo inventando palabras tiernas que la hicieran enamorarse aun más de mí . . . deseando que ella rompiera su forma de ser, que se expresara abiertamente, aunque fuera una vez.

Una suave turbulencia me despertó. Sentí su cabeza apoyada en mi hombro, así totalmente inconsciente, como si fuera lo más natural. Levemente tomé su mano y con la otra comencé a

---

[1]**pololos** novios

acariciarle el pelo. Duró apenas algunos segundos y juro que ella sonrió. O que, en su interior, su corazón funcionó más ligero[2], porque cuando despertó de verdad y me vio a su lado, rápidamente se arrepintió de tanta honestidad, . . . y su mano se fugó[3] de la mía.

[2]**ligero** *lightly, cheerfully*
[3]**se fugó** se escapó, huyó (Antonia soltó la mano de Matías).

V Ejercicios

A. Comprendamos. Selecciona la mejor respuesta para completar cada frase.

1. En las primeras tres líneas de diálogo entre Matías y Antonia se implica que _____.
   a. la azafata es una tonta
   b. Matías y Antonia no están de acuerdo con respecto a su relación romántica
   c. Antonia está enamorada de Matías
   d. Matías es el novio de Antonia

2. Según Antonia la azafata se equivocó porque ella _____.
   a. les dio documentos equivocados
   b. pensó que Antonia y Matías eran novios
   c. no les trajo comida
   d. los molestó cuando trataban de dormir

3. Es obvio que Matías y Antonia se conocen _____.
   a. por primera vez en el avión
   b. sólo como compañeros de clase
   c. bien desde hace algún tiempo
   d. porque son parientes

4. En el contexto de la selección, el significado más probable de "que ella rompiera su forma de ser" es que Antonia _____.
   a. cambiara sus costumbres, que ella tratara a Matías con sinceridad
   b. dejara a sus otros novios

c. estuviera sola con Matías, sin el hermano

d. dijera a todo el mundo que son novios

5. Antonia apoya la cabeza en el hombro de Matías porque _____.

a. quiere comunicarle su cariño

b. está dormida y no se da cuenta de lo que hace

c. se arrepiente de haberlo tratado mal

d. quiere ser su novia

6. Matías trata de creer que _____.

a. Antonia le dice la verdad

b. Antonia quiere acariciarlo

c. a Antonia realmente le gusta que él le acaricie el pelo

d. Antonia sólo finge dormir

B. Charlemos

1. Es posible que Antonia y Matías tengan perspectivas muy diferentes con respecto a esta escena. ¿Qué cree Matías con respecto a su relación con Antonia? ¿Qué cree Antonia? Antonia se despierta y encuentra su mano en la mano de Matías. ¿Cuáles son algunas de sus reacciones posibles? ¿Es posible que ella vea a Matías como un molestón (*stalker*)?

2. ¿Qué opinión tienes de Matías? ¿Qué piensas del hecho de que él acarició el pelo de Antonia mientras ella dormía? ¿Cómo habrías reaccionado tú?

3. La azafata mira a Antonia y a Matías y cree que son novios. No es la verdad. A veces formamos opiniones equivocadas al mirar a otras personas. ¿Te ha pasado a ti que alguien te mira y forma una opinión equivocada? ¿Te has equivocado al formar opiniones sobre otras personas?

4. *Mala onda* es una novela de culto, un clásico contemporáneo de Latinoamérica porque muchos jóvenes de hoy pueden identificarse con el protagonista. ¿Cuál es una novela o película de culto de tu cultura o tu generación en tu opinión? ¿Por qué?

C. Escribamos

1. Escribe una carta a Antonia o a Matías en la que le das tus consejos.

2. Escribe un poema con el título "Tú no me entiendes". Puede ser a un amigo, a un novio o novia, a un miembro de tu familia, a un profesor o a ti mismo.

D. Actividades

1. Con un compañero de clase, escribe y presenta un diálogo entre Antonia y Matías después de que ella se despierta.

2. En grupos de cuatro o cinco, presenten un programa de entrevistas (*talk show*) sobre los malentendidos, o las perspectivas opuestas entre personas. Puede ser en un contexto romántico, un contexto de la familia, o entre alumnos y profesores.

Capítulo 9

¿Por qué estoy comiendo esto?

DE LA REVISTA *PREVENTION*

I Vocabulario

arreglar poner algo en orden, reparar. Tengo que **arreglar** esta computadora que no funciona bien.

barriga estómago. Mi papá tiene una **barriga** grande porque no hace ejercicio.

carne (f.) la parte suave y muscular del ser humano; la parte del animal que se come. Carlos y Victoria son vegetarianos: no comen **carne**.

caso / hacerle caso prestar atención a, tomar en consideración. Las amigas de Luisa le dijeron que no debía casarse con un hombre caprichoso pero Luisa no **les hizo caso** y ahora ella se arrepiente.

importar tener interés por algo o alguien. A Scrooge le **importa** mucho el dinero.

negar (ie) declarar que algo no es la verdad. El niño **niega** haberse comido los dulces pero su madre sabe que lo hizo.

negarse a decir que no a algo. La actriz **se negó a** contestar preguntas sobre su vida personal.

ocuparse de dedicarse a algo o a alguien. La madre **se ocupa** de sus hijos.

preocuparse sentir inquietud, estar nervioso. El alumno **se preocupa** mucho antes de un examen importante.

preocupado nervioso. Estamos **preocupados** por nuestro amigo que está enfermo.

presentimiento sensación intuitiva de que va a ocurrir algo, premonición, presagio. La semana pasada una amiga mía tuvo un **presentimiento** de algo que pasó hoy.

razón (f.) motivo, causa. ¿Cuál es la **razón** de tu visita?

tener razón no estar equivocado. Le hago caso a mi papá porque él siempre **tiene razón**.

sorprender asombrar; causar una reacción con algo que no se esperaba. Mis amigos me **sorprendieron** con una fiesta. **sorprenderse** acción de asombrarse. **Me sorprendí** cuando descubrí la verdad.

suceder ocurrir, pasar algo. Algo le **sucedió** a Martín que le cambió la vida: descubrió el significado de la amistad.

II Ejercicios de vocabulario

A. Preguntas

1. ¿Haces más caso a las opiniones de tus padres o de tus amigos?
2. Si se rompe algo electrónico, ¿puedes arreglarlo?
3. ¿Has tenido un presentimiento de algo que después sucedió? ¿Conoces a alguien que ha tenido tales presentimientos?
4. ¿Cuántas horas al día te ocupas de tu tarea?
5. ¿De qué se preocupan tus padres?
6. ¿Qué te importa más que tus notas en el colegio?

B. Escribe la letra de la palabra que corresponde.

1. _____ sorprender
2. _____ carne
3. _____ hacerle caso a
4. _____ razón
5. _____ arreglar
6. _____ preocuparse
7. _____ presentimiento
8. _____ negar
9. _____ barriga
10. _____ suceder

a. la causa
b. estómago
c. pasar
d. una idea de que algo va a pasar
e. asombrar
f. el contrario de tranquilizarse
g. el contrario de romper
h. los vegetarianos no la comen
i. seguir los consejos de alguien
j. no estar de acuerdo con que algo sea la verdad

C. Competa la frase.

1. La cosa más cómica que me ha sucedido es _____
2. Me sorprendí mucho cuando _____
3. Siempre le hago caso a _____ porque _____
4. La razón de muchos problemas en el mundo es _____
5. La razón de mucha felicidad en el mundo es _____
6. Una persona siempre debe ocuparse de _____

7. Mis amigos me sorprendieron cuando _____

8. Siempre estoy preocupado/a cuando _____

9. Algo que nos importa demasiado es _____

10. Siempre voy a negarme a _____

11. A mis padres les importa mucho _____

D. Escribe una frase original.

1. preocuparse _____

2. suceder _____

3. hacerle caso _____

4. sorprender _____

5. razón _____

E. Explica. Vas a comunicar las ideas que siguen a alguien que sólo habla español. Trata de utilizar algunas palabras del vocabulario de este capítulo pero recuerda que es más importante expresar las ideas que usar el vocabulario. ¡Lo más importante es comunicar! No debes traducir palabra por palabra.

1. It's easier to fall asleep with a full belly. _____

_____

2. You should get busy with your homework. _____

_____

3. She seems to sense what will happen next. _____

_____

4. Don't pay attention to people who fake friendship. _____

_____

III Antes de leer

1. A veces, ¿comes cuando no tienes hambre? ¿En qué momentos tienes más ganas de comer?

2. ¿Crees que la comida sólo nos sirve para llenar la barriga? ¿Qué otro significado puede tener?

IV Lectura

¿POR QUÉ ESTOY COMIENDO ESTO?

Hace unas noches, estaba caminando hacia una fiesta en Manhattan, Nueva York. Me detuve a la mitad del camino para comprar un pretzel. Esto fue mi primer presentimiento de que algo estaba mal.

¿Por qué? Bueno, pues por dos razones insignificantes: no me gustan los pretzels y no tenía hambre.

Generalmente cuando quiero comer y no tengo hambre, me tomo unos minutos . . . para preguntarme qué siento. Sé que no importa qué esté sucediendo, siempre es mejor sentirlo a emplear la comida para arreglarlo.

La comida es una droga, y cuando la empleas, usas tu sustancia favorita para negar o escapar de tus sentimientos . . . Fui curiosa . . . ¿Por qué la comida parecía mi única salvación? Aquí está lo que descubrí: estaba cansada. Me sentía como si estuviera en carne viva[1] y vulnerable luego de haber pasado todo el día con un amigo moribundo[2]. Quería estar sola, pero creía que no tenía otra opción más que ir a la fiesta, porque ya le había dicho a otro amigo que lo vería allí. Decidí que quería ir, excepto, no me hallaba realmente allí. Estaba preocupada, nerviosa, absorta en mis propios pensamientos y tiesa[3]. No era la compañera ideal.

Comer sin moderación significa: detente, busca el porqué la comida parece ser la respuesta a todo. Cuando quieras hacerlo es como si tuvieras un letrero que dice: "Necesito que me hagas caso". Ocúpate de ti misma. Sé gentil. [4] Te sorprenderás con el resultado.

[1] **en carne viva** sin piel, muy sensible y vulnerable
[2] **moribundo** describe a algo que está muriendo
[3] **tiesa** fría, rígida
[4] **gentil** amable, agradable, simpático

V Ejercicios

A. Comprendamos. Selecciona la mejor respuesta para completar la frase.

1. La escritora se compró un pretzel porque _____.
   a. quería saber si le gusta
   b. quería ayudar a la persona que vendía los pretzels
   c. había pasado mucho tiempo sin comer
   d. tenía un problema emocional

2. Según la escritora _____.
   a. es mejor comer y olvidarte de tus problemas
   b. es mejor darte cuenta de tus emociones en vez de comer para escaparte
   c. comer es una buena manera para tranquilizarse
   d. las emociones no tienen ninguna conexión con la comida

3. La comida se compara con una droga porque _____.
   a. puede tener efectos malos sobre el cuerpo
   b. se usa para no ver claramente la realidad
   c. se come en secreto
   d. puede curar ciertas enfermedades

4. En el artículo la escritora hace todo lo que sigue MENOS _____.
   a. mencionar a un amigo que está sufriendo
   b. dar consejos
   c. revelar por qué compró el pretzel
   d. recomendar ciertas comidas

B. Charlemos

1. ¿Cómo reaccionas tú al estrés o a los problemas emocionales? ¿Tienes ganas de comer cuando estás nervioso/a? ¿Qué comes?

2. ¿Estás de acuerdo con la escritora del artículo? ¿Es siempre malo comer para tranquilizarse o consolarse? ¿Hay peores cosas?

3. ¿Conoces otras maneras de consolarte o distraerte de los problemas?

4. Discute la importancia de la comida en tu familia y en tu cultura. ¿Hay ciertas comidas o ciertos olores que asocias con tradiciones o con recuerdos de tu niñez?

C. Escribamos

1. Escribe un párrafo sobre un recuerdo personal asociado con alguna comida.

2. Escribe un poema celebrando una comida, como por ejemplo, "Oda a los dulces".

D. Actividades

1. Tú has inventado "Galletas maravillosas". Son galletas con ingredientes naturales, sin drogas, que tienen poderes mágicos. Una persona que las come puede escaparse de sus problemas o puede hacer cosas mágicas. En grupos de dos o tres, presenten un comercial para "Galletas maravillosas" a la clase.

2. Hoy en día hay mucha discusión sobre qué comida se debe servir o vender en las escuelas. Hay muchos en favor de prohibir la venta de comida de poco valor nutricional. Los jóvenes creen que tienen el derecho a comer lo que les da la gana. Con unos compañeros de clase, presenta un diálogo entre el director o la directora del colegio y un grupo de alumnos con respecto a esta controversia.

Capítulo 10

Cuando era puertorriqueña (Primera parte)

ESMERALDA SANTIAGO

I Vocabulario

caerle bien (a) parecer simpático a otra persona. Miguel **me cae bien**, y yo **le caigo bien** a Miguel.

castigar causar pena a alguien por algo que ha hecho. El padre **castigó** al hijo por haberle hablado sin respeto. El niño tuvo que quedarse en su dormitorio.

conmovedor se dice de algo que provoca una emoción fuerte. Esa película es tan **conmovedora** que lloro cada vez que la veo.

gracioso/a 1) divertido, cómico. Muchas películas para niños son **graciosas**. 2) atractivo, bonito, agradable, simpático; que tiene buen humor. La joven es tan **graciosa** que todo el mundo quiere estar cerca de ella.

humillar hacer sentir inferior a alguien. La madre **humilló** al niño al criticarlo enfrente de sus amigos.

irritar molestar, causar enojo. Es mejor no **irritar** a Papi cuando está de mal humor.

malvado/a persona muy mala. El Pingüino y el Burlador (*Joker*) son malvados en el mundo de Batman.

necio/a bobo, tonto, ignorante. Sólo un **necio** le cree a una persona que siempre ha dicho mentiras.

nene/nena un niño/una niña pequeña. El Sr. Jiménez tiene cincuenta años pero su madre todavía se refiere a él como "**el nene**".

pararse no moverse más, dejar de andar. El auto **se paró** porque ya no tenía más gasolina.

reír (i) manifestar alegría en reacción a algo cómico. Las películas graciosas siempre hacen **reír** a los jóvenes.

risa sonido producido por una persona cuando ríe. Cuando mi padre se ríe, su **risa** se oye por toda la casa.

A. Preguntas

1. ¿Quiénes son los malvados más famosos de la literatura y el cine?
2. ¿Te gusta cuidar a los nenes?
3. ¿Te molesta si tu mamá te llama "nene" o "nena" aunque ya no seas pequeño/a?
4. ¿Te conmueves fácilmente? ¿Lloras con frecuencia en el cine?
5. ¿Debemos castigar a los atletas que usan esteroides?
6. ¿Con cuál película o programa de televisión te ríes más?
7. Cuando una persona se siente humillada, ¿cómo reacciona?

B. Escribe la letra de la palabra que corresponde.

1. _____ necio
2. _____ castigar
3. _____ malvado
4. _____ reírse
5. _____ humillar
6. _____ pararse
7. _____ nene
8. _____ caerle bien

a. el contrario de llorar
b. no provocar el odio
c. lo contrario de inteligente
d. no es un adulto
e. no contribuir a la autoestima
f. hacer sufrir
g. no andar más
h. no es un santo

C. Completa la frase.

1. Cuando voy de compras a un almacén (una tienda que vende cosas diferentes), siempre me paro enfrente de _____
2. Me caen bien las personas que _____
3. No me caen bien las personas que _____
4. Una costumbre de mi amigo/a que me irrita mucho es _____
5. Le caigo bien a _____
6. El peor malvado es _____
7. La acción más necia que he visto es cuando _____
8. Para castigar a sus hijos, algunos padres _____

D. Escribe una frase original.

1. caerle bien _____
2. reírse _____
3. gracioso _____

4. conmovedor _____

5. pararse _____

E. Explica. Vas a comunicar las ideas que siguen a alguien que sólo habla español. Trata de utilizar algunas palabras del vocabulario de este capítulo pero recuerda que es más importante expresar las ideas que usar el vocabulario. ¡Lo más importante es comunicar! No debes traducir palabra por palabra.

1. He bothers everyone; no one likes him. _____

_____

2. Babies and animals steal the scene in movies. _____

_____

3. It's foolish to fall in love too easily. _____

_____

4. My dog stops at every tree in the neighborhood. _____

_____

III Antes de leer

1. ¿Has tenido alguna vez un maestro o una maestra con quién no te llevabas bien? Por lo general, ¿te caen bien tus maetros?
2. ¿Hay maestros que no son justos con ciertos alumnos, que no tratan a todos igual, o que tienen sus estudiantes favoritos?

IV Lectura

Cuando era puertorriqueña *es el primer libro de Esmeralda Santiago. Es la primera parte de sus memorias (su autobiografía), y ha logrado una popularidad enorme por ser una historia graciosa y conmovedora de su niñez en la isla de Puerto Rico y de su inmigración a Nueva York cuando era adolescente. Esmeralda Santiago, o Negi, el apodo o nombre cariñoso con el que la llama su familia, es una narradora maravillosa. Ella es la mayor de siete hijos. Sus padres a veces se quieren y a veces no se llevan bien. El padre, a quien Negi adora, de vez en cuando abandona a su familia y regresa después de varias semanas o meses.*

En la selección que sigue, hace tiempo que Negi no ve a su padre. La familia se ha mudado de su pueblo rural a Santurce, una ciudad. Por eso Negi, de unos diez años de edad, se encuentra en una escuela nueva, con la Sra. Leona, su maestra.

CUANDO ERA PUERTORRIQUEÑA (SELECCIÓN)

A mí la Sra. Leona no me cayó bien. Siempre estaba de mal humor, y era malvada. Una vez le dio un cantazo[1] a un nene con la regla[2] porque se le escapó una risita cuando a ella se le cayó un mapa. El no fue el único en reírse, pero ella no castigó a más nadie.

. . . .

Nunca antes había odiado ir a la escuela. Pero odiaba a la Sra. Leona y, aunque ésta era la mejor escuela que yo jamás había atendido[3], yo no quería ir.

Yo tampoco le caía bien a la Sra. Leona. Me llamaba al frente del salón cuando creía que yo no sabía la respuesta a sus preguntas. Se irritaba porque casi siempre que me llamaba yo podía contestar. Yo leía mis lecciones por adelantado[4] para que no me cogiera, para que pudiera preguntarme lo que le diera la gana. No le iba a dar la satisfacción de humillarme otra vez.

Como un ejemplo del mal humor de la Sra. Leona, Negi nos cuenta lo siguiente:

—Hoy—dijo la Sra. Leona—quiero que escriban una composición usando las palabras asignadas[5] ayer.

Escribió las palabras en la pizarra. Alguien le preguntó si estábamos supuestos a usar todas las palabras, y ella se río y dijo que eso sería imposible.

—Usen las más que puedan, pero no menos de cinco.

Es un examen necio. ¡Qué mujer odiosa!

Escribí las palabras en las primeras líneas del papel. La Sra. Leona caminaba de arriba a abajo por el pasillo formado por nuestros pupitres. Cuando llegó a mi lado se paró.

—Esmeralda, trata de formar estas letras mejor. Siempre me es difícil leer tu escritura.

[1] **cantazo** golpe
[2] **regla** instrumento de madera o plástico con el que se dibujan líneas rectas (*ruler*)
[3] **atendido** asistido
[4] **por adelantado** antes de lo necesario
[5] **asignadas** dadas como tarea

En el capítulo 11, vas a leer más con respecto a los problemas que Esmeralda tiene con la Sra. Leona.

V Ejercicios

A. Comprendamos. Selecciona la mejor respuesta para completar cada frase.

1. En el segundo párrafo de la introducción, dice que "la familia se ha mudado". En el contexto del la frase, el significado más probable de "mudarse" es _____.

   a. graduarse

   b. cambiar el lugar donde se vive

   c. escaparse

   d. hacerse rico

2. En el primer párrafo la autora nos cuenta que la Sra. Leona golpea a un nene para ilustrar todo lo que sigue MENOS que_____.

   a. a la maestra le importa la disciplina para enseñar bien

   b. la maestra es injusta

   c. la maestra no puede aguantar la risa de los alumnos

   d. la maestra es muy desagradable

3. En la clase la maestra llama mucho a Negi porque _____.

   a. quiere que ella aprenda mucho

   b. quiere humillarla

   c. Negi es una alumna especial

   d. Negi siempre sabe la respuesta

4. Negi estudia mucho y trabaja duro porque _____.

   a. quiere caerle bien a la maestra

   b. se da cuenta de que la profesora se alegra si ella no sabe las respuestas

   c. tiene miedo de la maestra

   d. quiere competir con los otros alumnos

5. La maestra se para cerca del pupitre de Negi para _____.

   a. criticar su capacidad de escribir claramente

   b. estar segura de que Negi haga el trabajo

   c. estar segura de que Negi use todas las palabras

   d. enseñarle la mejor manera de escribir

B. Charlemos

1. ¿Puedes identificarte con Negi? ¿Por qué?

2. A veces, ¿qué puede decir o hacer un maestro o una maestra para humillar a un alumno?

3. Según Negi la composición que pide la maestra es "un examen necio". ¿Hay tareas o trabajos escolares que te parecen necios? ¿Por qué? A veces, hay trabajos que no te gustan pero, ¿puedes ver que vale la pena hacerlos?

C. Escribamos

1. Escribe algunos consejos a los maestros del futuro. Haz una lista de las cosas que deben hacer y de lo que nunca deben hacer.

2. Escribe una lista de las características de una escuela ideal. ¿Dónde está? ¿Quiénes enseñan allí? ¿Qué horarios tiene esa escuela? ¿Qué se enseña? ¿Qué reglas hay?

D. Actividades

1. Con dos compañeros de clase presenta una reunión entre la madre y el padre de Negi y la Sra. Leona para discutir los problemas de la niña.

2. Eres el director de una escuela privada. Con unos compañeros de clase, presenta un anuncio comercial para convencer a los jóvenes de que deben asistir a tu escuela, o puedes presentar un anuncio a los padres para convencerlos de que deben mandar a sus hijos a tu escuela.

Repaso de Vocabulario II

A. Completa el crucigrama usando las siguientes palabras:

reírse	molesta	de	celos
suave	les	acuerdo	amar
volar	mi	odia	enamora
castiga	voz	malvado	razón
defecto	caso	espíritu	apoya
mano	deja	sonrisa	quejas
fingir	necio	harto	tener

Horizontal

1. Los Demócratas y los Republicanos no están de ____ sobre muchos asuntos políticos.
5. Cuando los niños no se llevan bien la madre los ____ y los envía a su dormitorio.
7. Detesta
9. El muchacho habla en voz alta y ____ a los otros alumnos que tratan de estudiar.
11. El nene empezó a ____ cuando vio las cosas necias que hacían los animalitos en la película muy divertida.
13. La madre se enoja con el muchacho porque siempre ____ sus juguetes en el suelo.
14. Los padres le hablan al nene en una ____ muy suave y cariñosa.
17. Cuando vimos las lágrimas en los ojos de nuestro amigo, nos dimos cuenta ____ que algo terrible había sucedido.
18. Hombre que hace cosas muy malas
19. No debes ____ miedo del perro, porque es un animal muy cariñoso.
20. Ya no puedo soportar el carácter negativo de Carlos. Estoy ____ de oír sus quejas.
23. Este juguete me pertenece. Es ____ juguete y tú no puedes quedarte con él.
24. Siempre te ____. ¿No tienes nada positivo que decir?
25. Los dos amigos no están de acuerdo. Tuvieron un malentendido y cada uno cree que él tiene la ____ y que el otro está equivocado.

Vertical

1. Una persona normalmente ____ a los candidatos políticos que están de acuerdo con sus mismas ideas.
2. Mi amiga se ____ con frecuencia. Tiene un novio diferente cada semana.
3. No debes ____ que estás enfermo cuando no es verdad.
4. No debes hacerle ____ a Juanito. Siempre dice mentiras y cosas necias.
6. Ella tiene el cabello muy ____.

8. El cómico finge ser _____ para hacer reír a los niños.

10. La mujer cree que su esposo es perfecto, que no tiene ningún _____.

12. Los presidentes de los dos países se reunieron en un _____ de paz y cooperación para resolver sus problemas.

14. El hombre quiere _____ por el aire como los pájaros.

15. Cuando vi la _____ en la cara de mi amiga me di cuenta de que estaba contenta con el regalo que le había dado.

16. Los dos hermanos se tienen _____ porque cada uno cree que los padres prefieren al otro.

18. El alumno levantó la _____ para hacerle una pregunta al profesor.

21. Querer, sentir mucho cariño

22. El novio de Isabel se durmió durante la primera cena con los padres de ella y eso los irritó mucho. Por eso el novio no _____ cae bien a los padres de ella.

B. Selecciona la mejor respuesta para completar la frase.

1. Los niños se _____ mucho por la muerte de su perro querido.
   a. quedaron
   b. lamentaron
   c. sobresalieron
   d. aparentaron

2. Los muchachos se equivocaron cuando no le _____ al abuelo que les dio buenos consejos.
   a. hicieron caso
   b. rechazaron
   c. quejaron
   d. pararon

3. Deben _____ la oportunidad de oír los consejos de un hombre tan sabio e inteligente.
   a. dejar
   b. odiar
   c. aprovechar
   d. dudar

4. El hombre estaba muy _____ sentado en la silla pequeña del niño.
   a. diverso
   b. débil
   c. aburrido
   d. incómodo

5. La actriz famosa se negó a tener otra _____ con el reportero que le hizo preguntas muy personales.
   a. entrevista
   b. sospecha
   c. voluntad
   d. lágrima

6. Los padres _____ mucho cuando no saben dónde está su hijo.
   a. rechazan
   b. se preocupan
   c. comparten
   d. quedan

7. El niño comió muchos dulces y ahora le duele _____.
   a. el hombro
   b. el espíritu
   c. la razón
   d. la barriga

8. Nos reímos mucho porque la película nos parecía muy _____.
   a. poderosa
   b. graciosa
   c. harta
   d. cómoda

9. La vieja _____ la cabeza de su gato querido.
   a. acaricia
   b. se queja
   c. humilla
   d. sonríe

10. Mi amigo sólo come vegetales; nunca come _____.

    a. risa

    b. carne

    c. razón

    d. venganza

C. Escribe la letra de la palabra que corresponde.

1. _____ aparentar

2. _____ estar conforme

3. _____ ensueño

4. _____ poderoso

5. _____ cómodo

6. _____ conmovedor

7. _____ suave

8. _____ arrepentirse

9. _____ parar

10. _____ dudar

a. que causa el llanto

b. no andar más

c. fingir

d. no creer, tener sospechas

e. fantasía

f. estar de acuerdo, coincidir

g. confortable

h. agradable al tacto

i. fuerte

j. sentirse mal por haber hecho algo malo

D. Explica estos modismos a alguien que no habla inglés. (No debes traducir la frase literalmente, sino explicar el significado).

1. It's nothing to write home about. _____

2. Take a hike. (Go fly a kite. Go jump in the lake.) _____

3. He let the cat out of the bag. _____

4. He did it in no time. _____

5. She has a soft spot in her heart for him. _____

E. Escoge el modismo español que corresponde a cada modismo en el Ejercicio D. Escribe los números.

    a. Vete a freír (fry) espárragos (asparagus). _____

    b. Ella le tiene mucho cariño. _____

    c. Lo hizo en un abrir y cerrar de ojos. _____

    d. No es cosa del otro mundo. _____

    e. Se le escapó el secreto.

Capítulo 11

Cuando era puertorriqueña (continuación)

ESMERALDA SANTIAGO

I Vocabulario

abrazar poner los brazos alrededor de alguien en señal de cariño. Después de la visita al dentista, la madre **abrazó** al niño para tranquilizarlo.

aguantar tolerar algo desagradable. El Sr. Sabelotodo es aburrido y egoísta. No lo invito a la fiesta porque no puedo **aguantar** su compañía.

aguantarse controlarse, aceptar las cosas que no puedes cambiar. Al empleado no le gustó lo que dijo el jefe, pero tuvo que **aguantarse** porque necesitaba el trabajo.

alegrar poner contenta a otra persona. Los niños pueden **alegrar** a su abuela simplemente con las sonrisas.

alegrarse empezar a sentir alegría. Shrek **se alegra** cuando piensa en Fiona.

asustar causar miedo. **asustarse** empezar a tener miedo. Hansel y Grétel **se asustaron** mucho cuando vieron a la bruja.

asustado/a con miedo. La mujer se quedó **asustada** cuando el Conde Drácula se levantó de su tumba.

susto miedo que surge por sorpresa. Encontré una tarántula en mi cama. ¡Qué **susto**!

bobo/a necio, tonto. Es muy **bobo** seguir contaminando la Tierra.

burlarse de reírse de alguien. Muchos **se burlaron** de los hermanos Wright cuando dijeron que el hombre podía volar.

callarse estar en silencio, no hablar. Cuando el líder entró en la sala todos **se callaron** para oír lo que iba a decir.

dibujar crear la imagen de un objeto en un papel u otra superficie. Picasso podía **dibujar** toda una escena con sólo unas líneas.

enrojecerse ponerse rojo en la cara. El actor **se enrojeció** cuando no pudo recordar sus líneas.

gracia elegancia de movimientos, cualquier característica agradable del ser humano. Guillermo es muy carismático; tiene una **gracia** natural que atrae a muchas personas. Todos quieren estar cerca de él.

hacerle gracia parecerle divertido o gracioso. Las novelas de Harry Potter **les hacen gracia** a muchos jóvenes.

mejilla parte de la cara debajo de los ojos. Las lágrimas del niño le corrieron por las **mejillas**.

odioso/a detestable, repugnante, digno de odio. Ser cruel con los niños es un acto **odioso**.

pedazo parte de algo. Dividí la carne en tres **pedazos**, un **pedazo** para cada uno de mis tres perros.

palabrota palabra mala u ofensiva. El político no se dio cuenta de que la gente lo podía oír cuando él dijo unas **palabrotas**.

sollozar llorar con gran pena. Los niños se burlaron de la nueva alumna. Ella volvió a casa y **sollozó** en los brazos de su mamá.

II Ejercicios de vocabulario

A. Preguntas

1. ¿Dices palabrotas a veces?
2. ¿Qué cómico te hace mucha gracia?
3. ¿Qué haces para alegrar a un amigo que está triste?
4. ¿Has asustado a otra persona alguna vez? ¿Qué hiciste?
5. ¿Se oyen demasiadas palabrotas en la televisión en tu opinión?
6. ¿Quién es una persona con mucha gracia en tu opinión?
7. ¿Cómo se llama el huevo grande que se cayó y se rompió en pedazos en un poema famoso para niños?

B. Escribe la letra de la palabra que corresponde.

1. _____ odioso
2. _____ abrazar
3. _____ callarse
4. _____ burlarse de
5. _____ palabrota
6. _____ aguantarse
7. _____ alegrarse
8. _____ sollozar
9. _____ mejilla
10. _____ dibujar

a. una forma de humillar a alguien
b. mostrar gran tristeza
c. parte de la cara
d. no estar triste
e. un artista como Picasso puede hacerlo bien
f. el contrario de gracioso y amable
g. algo que un niño no debe decir
h. una manera de mostrar cariño
i. no hacer un sonido
j. aceptar algo que no te gusta

C. Completa la frase.

1. Nos callamos porque _____

2. Sollocé mucho cuando _____

3. Me sentí un bobo/una boba cuando _____

4. No puedo aguantar a personas que _____

5. Me asusté mucho cuando _____

6. Nunca debemos burlarnos de _____

7. Mi amigo se enrojeció cuando _____

D. Escribe una frase original.

1. alegrarse _____

2. aguantarse _____

3. enrojecerse _____

4. hacerle gracia _____

5. abrazar _____

E. Explica. Vas a comunicar las ideas que siguen a alguien que sólo habla español. Trata de utilizar algunas palabras del vocabulario de este capítulo pero recuerda que es más importante expresar las ideas que usar el vocabulario. ¡Lo más importante es comunicar! No debes traducir palabra por palabra.

1. If good people keep silent, evil will triumph. _____

_____

2. She spreads joy wherever she goes. _____

_____

3. Hugs not drugs. _____

4. She's so shy that she blushes easily. _____

_____

III Antes de leer

1. ¿Qué pasa cuando un maestro o maestra pierde el control de la clase?

2. ¿Has tenido la experiencia de tener ganas de reírte en un momento inapropiado? ¿Has tratado de aguantarte y por fin no podías resistir la risa? ¿Qué pasó?

IV Lectura

Negi, a quien conocimos en el Capítulo 10, sigue hablando de lo que pasó en la clase de la malvada Sra. Leona.

CUANDO ERA PUERTORRIQUEÑA (SELECCIÓN)

Me trataba como si yo tuviera una enfermedad. Si me muriera y no regresara jamás a la escuela, ella se alegraría. Pero no por mucho tiempo. Yo me le aparecería[1]. Le llenaría el tintero[2] de pega[3]. Le pondría *chiles picantes* en la crema que ella *se usaba* en la cara. Le escondería una serpiente *en la cama*.

Me senté a escribir el tema necio usando sus diez palabras necias. . . . Hasta le di una palabrota que no estaba en la *tarea*.

La puerta del salón estaba abierta. En el salón al otro lado del pasillo, alguien estaba recitando un poema que yo tenía memorizado.

—Esmeralda, ¿hay algo en el pasillo que quieres compartir con nosotros?

Mis compañeros se echaron a reír. A la Sra. Leona le molestaba cuando mi mente no estaba en lo que ocurría en su salón.

[1] **Yo me le aparecería** Yo estaría en frente de ella como un fantasma (*ghost*)

[2] **tintero** un lugar en los viejos escritorios donde se guardaba la tinta (*inkwell*)

[3] **pega** sustancia que sirve para unir una cosa a otra, como "Elmer's" o "Krazy Glue"

—Sólo estaba pensando, Sra. Leona.

Frunció su labio[4].

—Bueno, ésta no es la hora de estar soñando. Usted debe de estar escribiendo, no pensando.

No me pude aguantar. La idea de que no estaba supuesta a pensar en el salón me sonó graciosa. Los niños a mi alrededor boquearon[5]. La Sra. Leona se enrojeció.

—¿Qué te hace tanta gracia?

Me dio tanta risa que tuve que aguantar la barriga. Lágrimas me corrieron por las mejillas. Poco a poco . . . el resto de la clase empezó a reírse mientras la Sra. Leona se mantenía erecta al frente del salón con una expresión de boba. Agarró la vara[6] de señalar la pizarra y le dio un cantazo contra su escritorio.

—¡Cállense! ¡Bajen las voces ahora mismo!

La vara se partió[7] en dos pedazos, y una parte salió volando al pasillo. Los muchachos de la parte de atrás del salón empezaron a dar cantazos contra sus pupitres y a rugir[8] como si fueran leones. La Sra. Leona agarró el pedazo de vara que le quedaba, sus ojos saliéndose de los lentes, su cara roja . . .

—¡Cállense, carajo!

Nunca habíamos oído a una maestra maldecir. Nos callamos todos a la misma vez y nos quedamos quietos. Ella parecía estar tan sorprendida como nosotros. Al fondo del salón, alguien empezó a reír, luego otro, y otro. Se oyeron pasos[9] en el vestíbulo y la Sra. Leona miró hacia la puerta con una expresión de pánico. Nos dio una mirada asustada. Estábamos tratando de controlar la risa, pero se nos hacía imposible. Ella estaba casi en la puerta cuando apareció mi papá.

Salté de mi silla y me tiré en sus brazos, sollozando y riéndome a la vez. Me llevó hasta la escalera que daba a la puerta de afuera. La Sra. Leona cerró la puerta detrás de nosotros. Papi me secó las lágrimas de la cara con su pañuelo. Me abrazó y me pasó la mano por la cabeza y me abrazó.

—Está bien, nena. No llores. Está bien.

---

[4]**Frunció su labio** hizo un movimiento de la cara que indica disgusto o enojo

[5]**boquearon** abrieron las bocas

[6]**vara** palo, bastón (*stick, pointer*)

[7]**se partió** se rompió

[8]**rugir** hacer un sonido fuerte, como hacen los animales grandes

[9]**pasos** los sonidos que hacen los pies al andar

V Ejercicios

A. Comprendamos. Selecciona la mejor respuesta para completar cada frase.

1. Negi se imagina que es un fantasma que vuelve a la vida

   para _____.

   a. ser mejor estudiante

   b. molestar a la maestra como forma de venganza

   c. rechazar la idea de su propia muerte

   d. darles miedo a los otros alumnos

2. Los alumnos golpeaban sus pupitres y hacían ruidos como animales

   para _____.

   a. llamar la atención de la maestra

   b. alegrar a Negi

   c. burlarse de la maestra

   d. evitar hacer su trabajo

3. La maestra se enojó tanto que dijo una palabrota

   porque _____.

   a. Negi era desobediente (No hacía lo que la maestra quería).

   b. había perdido el control de la clase

   c. rompió la vara

   d. Negi no le hacía caso

4. Después de oír la palabrota de la maestra, los alumnos se callaron

   porque _____.

   a. se arrepintieron de haber molestado a su maestra

   b. querían oír más palabrotas

   c. empezaron a usar la palabrota en una frase

   d. se asombraron mucho al oír a la maestra hablar así

5. La Sra. Leona se asusta cuando oye pasos fuera de su salón. La

   razón más probable de su susto es que _____.

   a. tenga vergüenza de sí misma

   b. tenga miedo de que otro alumno entre en su salón

   c. tenga miedo de que el director de la escuela la haya oído

   d. no pueda creer que sea la hora de salir

B. Charlemos

1. Negi se imagina a sí misma como un fantasma que se venga de la Sra. Leona. ¿Tienen sus ideas un efecto serio? ¿Reflejan la manera de pensar de un niño?

2. ¿Has visto alguna vez a un maestro perder el control de la clase? Describe lo que pasó.

3. ¿Tienes compasión por la Sra. Leona? ¿Por qué o por qué no?

4. *Cuando era puertorriqueña* cuenta la vida real de Esmeralda. Sin embargo, la llegada del papá de la niña, en ese momento, casi parece de fantasía. Discute momentos de la literatura o del cine en los cuales hay un "salvador" que llega en una situación de gran peligro.

C. Escribamos

1. Escribe una carta a una de las siguientes personas:
   a. Esmeralda Santiago, la autora. Expresa tu opinión sobre lo que leíste.
   b. Negi, la autora cuando era niña
   c. La Sra. Leona

2. Describe lo que pasó desde la perspectiva o el punto de vista de la Sra. Leona o desde la perspectiva del padre de Negi, que oyó lo que pasó al final.

D. Actividades

1. El director de la escuela ha oído la palabrota que dijo la Sra. Leona. Ella está en su oficina y puede perder su empleo. Con un compañero de clase, presenta el diálogo entre la Sra. Leona y el/la director/a de la escuela.

2. Años después, Negi, ahora una mujer, aparece en la televisión en un programa de entrevistas con un grupo de "víctimas de maestros crueles". Negi habla de las malas consecuencias de haber tenido un maestro cruel o injusto. Con unos compañeros de clase, presenta esta escena a la clase.

Capítulo 12

La obsesión por las compras

DE LA REVISTA *VOGUE*

I Vocabulario

aliviar calmar la pena, hacer algo menos desagradable. Se usa la aspirina para **aliviar** el dolor de cabeza.

alivio acción de mejorar o aliviar. Las visitas de su amigo le ofrecen un **alivio** a la soledad del hombre enfermo.

autoestima (f.) respeto por sí mismo. Mi amiga es inteligente, amable, graciosa y bonita. No entiendo su falta de **autoestima**.

calidad (f.) prestigio, categoría distinción, el valor de una cosa o de una persona según sus características. Este automóvil nunca funciona bien porque no está bien construido. Es un auto de mala **calidad**.

caro/a que cuesta mucho dinero. Los zapatos de Nike son más **caros** que los Keds.

conseguir lograr u obtener un objeto que quieres. Llegan temprano al teatro para **conseguir** los mejores asientos.

cuero pellejo (piel) del animal que se usa para zapatos, etc. Muchos vegetarianos no usan cosas de **cuero** porque se oponen a matar animales.

desafiar provocar una lucha o pelea; no aceptar la autoridad de alguien. Rosa Parks **desafió** las reglas racistas cuando se quedó en su asiento en el autobús.

éxito buena terminación de un proyecto. Muchos artistas latinos, como Salma Hayek, Jennifer López y Luis Miguel, han tenido gran **éxito** en los Estados Unidos.

lucir presentar cierta imagen o aspecto exterior. La niña **luce** muy bonita en su vestido nuevo.

marca señal o indicio que identifica los productos. El Gap y Banana Republic son **marcas** muy populares.

moda la manera de vivir, pensar o vestirse en cierto momento del tiempo. Durante los sesenta, la minifalda y los pantalones del estilo "bell bottoms" estaban de **moda**.

prenda partes o piezas de vestido, de la ropa (la camisa, los

pantalones, los zapatos, etc.).
Clara tiene tendencia a olvidarse
de muchas cosas. Siempre deja
sus **prendas** en las casas de sus
amigas.

prestigio buena fama o reputación.
Toni Morrison goza de gran **prestigio** en el mundo literario porque
es una escritora fenomenal.

regla ley que determina cómo hay
que hacer algo. Cada escuela
tiene sus **reglas** que los alumnos
tienen que obedecer.

vicio mala costumbre de hacer
algo malo, defecto. Tomar
mucho alcohol es un **vicio** muy
peligroso.

II Ejercicios de vocabulario

A. Preguntas

1. ¿Qué haces para aliviar el aburrimiento?

2. ¿Qué regla de tu escuela odias más?

3. ¿Qué vicio no puedes aguantar en otras personas?

4. ¿Qué vicio tienes tú?

5. ¿Qué significa tener éxito en la vida en tu opinión?

6. ¿En qué basas tu autoestima?

7. A veces, ¿desafías las reglas de tus padres?

8. ¿Les importa a muchas personas la marca de la ropa que compran?
¿Por qué les importa? ¿De veras hay razones para seleccionar una marca
en vez de otra?

B. Escribe la letra de la palabra que corresponde.

1. _____ prenda
2. _____ vicio
3. _____ marca
4. _____ regla
5. _____ conseguir
6. _____ autoestima
7. _____ caro
8. _____ desafiar
9. _____ aliviar
10. _____ cuero

a. buena opinión de ti mismo
b. lograr
c. se usa para hacer ciertas prendas
d. no seguir las reglas
e. lo contrario de una virtud
f. lo que distingue un producto de otro
g. el vestido, los pantalones, etc.
h. te dice lo que tienes que hacer
i. hay que pagar mucho dinero
j. calmar un dolor

C. Completa la frase.

1. Mi prenda favorita es mi _____ porque _____

2. _____ es una persona de gran prestigio en el

   campo de _____.

3. Un vicio muy común en nuestra sociedad es que muchas personas

   _____

4. Muchas personas en nuestra sociedad basan su autoestima en _____

   _____

5. Una persona luce mejor cuando _____

D. Escribe una frase original.

1. desafiar _____

2. lucir _____

3. conseguir _____

4. aliviar _____ _____

5. tener éxito ___ _____

E. Explica. Vas a comunicar las ideas que siguen a alguien que sólo habla español. Trata de utilizar algunas palabras del vocabulario de este capítulo pero recuerda que es más importante expresar las ideas que usar el vocabulario. ¡Lo más importante es comunicar! No debes traducir palabra por palabra.

1. She suffers from low self-esteem. _____

   _____

2. Love can sooth many pains. _____

   _____

3. Native Americans used animal hides for clothing. _____

   _____

4. He works hard to achieve his goals. _____

   _____

III Antes de leer

1. Se dice que vivimos en una sociedad obsesionada con lo material. ¿Estás de acuerdo?
2. ¿Conoces a personas que compran cosas que realmente no necesitan?
3. ¿Pasas mucho tiempo en un centro comercial?

IV Lectura

Mucha gente en nuestra sociedad depende de lo material, de las cosas que compran, para mejorar su autoestima. Hay hombres que ven un automóvil como un indicio de su estatus en vez de simplemente como un medio de transporte. Hay mujeres que creen que unos zapatos de plataformas de Dolce & Gabbana o de Calvin Klein van a transformarlas en unas "geishas" modernas. En un número reciente de la revista Vogue *para hombres nos encontramos con los artículos siguientes:*

LA OBSESIÓN POR LAS COMPRAS

#1. Un artículo sobre los relojes: **Dorado plus**.

Relojes que desafían el tiempo y marcan tu personalidad . . . Con cajas[1] de oro, ya sea amarillo o rosado, estos relojes han sido pensados para el hombre que quiere darse el gusto con un accesorio que proyecta una imagen de éxito y elegancia.

---

[1] **caja** lo que protege el mecanismo del reloj; en otro contexto significa *"box"*

#2. El imperio de las eles. *(Las "eles" son el logo de la compañía española Loewe, que utiliza una "L" mayúscula como su símbolo).*

Kirk Douglas, Pedro Almodóvar, Gabriel García Márquez, Julio Iglesias, David Beckham, el rey Juan Carlos de España . . . Te preguntarás qué tienen en común personalidades masculinas internacionales tan dispares, con vidas tan opuestas, de culturas tan diferentes. Lo que une a este grupo tan variado de hombres es el gusto por la calidad artesanal y la elegancia intemporal[2] de las prendas, accesorios de cuero y fragrancias de una de las marcas con más tradición en España, que desde hace décadas ya ha traspasado las fronteras ibéricas y se ha consolidado como una marca de prestigio internacional . . . El primer Enrique Loewe, un joven artesano alemán, ha conseguido que las cuatro "eles" que caracterizan el logotipo de la firma se conviertan en las favoritas de la realeza[3] y de una exclusiva *first class* internacional de celebridades como lo son Dustin Hoffman, José Carreras, Bill Clinton o Eduardo de Inglaterra.

#3. El estilo más cool.

Sólo necesitas seguir unas sencillas reglas de estilo para convertirte en un maestro del buen vestir. ¿Eres de los tipos que siempre se compra la misma camisa celeste[4], los mismos pantalones caqui, y los mismos zapatos náuticos marrones? . . . Ha llegado la hora de renovar tu guardarropa[5] y aterrizar[6] en la moda del siglo XXI. Lucirás como todo un hombre totalmente nuevo.

[2] **intemporal** más allá del tiempo, lo que no está limitado por el tiempo
[3] **realeza** gente de la familia real : reyes, reinas, príncipes, princesas, etc.
[4] **celeste** de color azul
[5] **guardarropa** lugar donde se deja la ropa
[6] **aterrizar** llegar a la tierra, como un avión

En la revista Vanidades *se encuentra un artículo sobre la obsesión por las compras en las mujeres:*

COMPRADORAS COMPULSIVAS

Nada como un día de compras cuando tienes una actividad social esa noche, y necesitas un par de zapatos nuevos para lograr el *look* perfecto. O también, cuando estás deprimida y comprar es tu mejor escape . . . Pero ¿qué pasa cuando se repite la misma imagen casi semanalmente[7]? ¿Se trata de compradoras compulsivas?

[7] **semanalmente** cada semana

Este término se define como la obsesión por adquirir objetos aun cuando no son necesarios. En muchos casos, esa compulsión alivia una pena; en otros, es un modo de distracción o simplemente un vicio. Pero siempre es un problema divertido, chic . . . y caro.

No hay duda de que llevar bolsas con el emblema de Prada, Chanel o Gucci es sinónimo de elegancia. Casi una necesidad para celebridades como Victoria Beckham y Melanie Griffith; *socialites* como Paris Hilton; *royals* como Carolina de Mónaco, y su hija Carlota. Y no se trata de quién compra más, sino de la frecuencia con que los paparazzi capturan fotos de famosas en las boutiques de los diseñadores de moda[8]. Y pareciera que todas pensaran igual: "¡Lo quiero todo!".

[8]**diseñadores de moda** *fashion designers*

V Ejercicios

A. Comprendamos

1. En los artículos citados arriba, se implica que las prendas que se compran _____.
   a. sirven un propósito puramente práctico
   b. afectan a la identidad, la personalidad y la autoestima del comprador
   c. cuestan demasiado dinero
   d. desarrollan nuestra economía

2. En el contexto de "El imperio de las eles", el significado más probable de "dispares" es _____.
   a. violentas
   b. iguales
   c. diferentes
   d. locas

3. En "El estilo más cool" se implica que un hombre que está acostumbrado a vestirse de cierta manera, con su propio estilo, _____.
   a. tiene un sentido fuerte de identidad e individualismo
   b. debe vestirse según el estilo del momento

c. luce muy feo

d. no quiere gastar dinero

4. En "Compradoras compulsivas" se implica que ir de compras es un problema _____.

a. de siempre

b. sólo de la gente famosa

c. sólo cuando se compran cosas caras

d. sólo cuando se hace con frecuencia

5. También se implica que lo que les importa mucho a las compradoras compulsivas es _____.

a. la marca prestigiosa de las bolsas que llevan

b. el precio de las prendas

c. la utilidad de cosas que compran

d. la calidad de la ropa

B. Charlemos

1. A todos nos gusta lucir bien, y a veces una prenda nueva puede hacernos sentir atractivos. ¿Cuándo llega a ser una obsesión o una adicción en tu opinión?

2. Según "Compradoras compulsivas" la obsesión por ir de compras "alivia una pena". ¿En qué sentido puede ser un alivio ir de compras? ¿Estás de acuerdo con esta idea? ¿Conoces a alguien que escapa de sus problemas así?

3. A veces se usa lo material como una fuente (*source*) de autoestima. ¿En qué sentido es ilógico hacerlo? ¿Cuáles son las fuentes de autoestima más propias del individuo?

4. El filósofo ético Peter Singer tiene ideas muy fuertes y discutibles respecto al materialismo. Según Singer, sólo debemos comprar lo absolutamente necesario. El dinero que hubiéramos gastado en cosas lujosas, deberíamos mandarlo a organizaciones como OXFAM y UNICEF para salvar la vida de niños que mueren de hambre o de enfermedades que se pueden curar. ¿Qué piensas de la filosofía de Singer?

5. En "El imperio de las eles" se menciona a varias personas famosas que compran prendas de la compañía Loewe. ¿A cuáles de estas personas puedes identificar? Cuando tú y tus amigos compran prendas, ¿qué personas famosas usan como ejemplo para vestirse bien?

C. Escribamos

1. Escribe una carta a Peter Singer cuestionando, defendiendo o criticando sus ideas.

2. Escribe una carta como si fueras un comprador compulsivo. Describe tus problemas y pide ayuda o consejos para combatir tu obsesión.

3. Escribe una carta dando consejos a este comprador compulsivo o contesta la carta (del Ejercicio #2) de un compañero de clase.

4. Escribe un anuncio informando al público sobre el grupo "Compradores compulsivos" donde uno puede buscar ayuda para combatir su adicción.

D. Actividades

1. Lee selecciones de *Writings on an Ethical Life* de Peter Singer. Con tus compañeros de clase, organiza un debate sobre aspectos de su filosofía.

2. Con varios compañeros de clase, presenta una reunión de "Compradores compulsivos anónimos".

3. Algunas de las personas famosas mencionadas en este capítulo no son tan conocidas. Selecciona a una de estas personas, investiga sobre él o ella y presenta la información a la clase.

Capítulo **13**

Las películas de mi vida

ALBERTO FUGUET

I Vocabulario

acordarse de recordar algo, tener algo en la memoria. Todos **se acuerdan de** lo que hacían cuando oyeron del ataque del 11 de septiembre.

agradecer expresar gratitud o dar gracias a alguien. Lois Lane le **agradece** mucho al Superhombre por salvarle la vida.

apenar causar pena a alguien. Los vicios del niño **apenan** mucho a su padre.

azar casualidad, se dice que algo que pasa sin ser planeado pasa por azar. Los dos hermanos, separados al nacer, se encontraron por **azar** en la misma universidad, en la misma clase.

bastar ser suficiente. Nos **basta** con una pizza para cuatro personas.

culpa responsabilidad de alguien por haber cometido un acto incorrecto. El accidente fue la **culpa** del joven que conducía borracho.

culpar echarle la culpa a alguien. **Culparon** a Juan pero en realidad fue su hermano el que robó el dinero.

de nuevo otra vez. La actriz famosa se divorció y después se casó **de nuevo**.

dejar de (+ infinitivo) no hacer algo más veces. El niño **dejó de** llorar cuando vio a su mamá.

enviar mandar, hacer que algo se vaya a otro lugar. Le **envié** un correo electrónico a mi profesor.

personaje persona representada en una obra literaria o una película. Harry Potter es un **personaje** muy gracioso.

temblar (ie) agitarse. Andando por la nieve, el hombre vio un animal enorme y feroz; él **tembló** de miedo y de frío a la vez.

terremoto movimiento violento de la superficie de la tierra, temblor. Hace años, en San Francisco muchos edificios se cayeron debido a un **terremoto**.

volver a (+ infinitivo) hacer otra vez, repetir algo. Después del accidente el Sr. Toledo tenía miedo de conducir un auto. Pero **volvió a** conducir después de pasar unas horas con un psicólogo.

II Ejercicios de vocabulario

A. Preguntas

1. ¿Te acuerdas de la primera película que viste? ¿Cuál fue?

2. ¿Envías a veces una carta a alguien en vez de un correo electrónico? ¿A quién? ¿Por qué?

3. ¿Conoces a personas que siempre culpan a otras por sus problemas? ¿Puedes dar un ejemplo (sin usar nombres)?

4. ¿A veces te culpan tus padres por algo que no has hecho?

5. ¿Crees que las cosas pasan por azar o que hay un plan para cada uno en la vida?

B. Escribe la letra de la palabra que corresponde.

1. _____ de nuevo
2. _____ terremoto
3. _____ culpar
4. _____ apenar
5. _____ acordarse de
6. _____ enviar
7. _____ bastar
8. _____ temblar
9. _____ agradecer
10. _____ personaje

a. no olvidar
b. reaccionar físicamente al frío
c. más que sólo una vez
d. figura de una película o novela
e. decirle gracias a alguien
f. decir que alguien no es inocente
g. un desastre natural
h. poner triste a otra persona
i. hacer que algo llegue a otra persona
j. ser suficiente

C. Completa la frase.

1. Siempre tiemblo cuando _____

2. Lo que me apena mucho es que _____

3. Mi personaje favorito es _____ porque _____

4. Muchos problemas en el mundo de hoy son la culpa de _____

   _____

5. No necesito más _____. Me basta con _____

6. Le agradezco mucho a _____ porque

   _____

7. Durante el año escolar no puedo _____ pero vuelvo

   a _____ en el verano.

8. Cuando llegué a la edad de diez años yo dejé de _____

9. Nunca voy a dejar de _____

D. Escribe una frase original.

1. volver a (+ infinitivo) _____

2. apenar _____

3. culpar _____

4. dejar de (+ infinitivo) _____

5. agradecer _____

E. Explica. Vas a comunicar las ideas que siguen a alguien que sólo habla español. Trata de utilizar algunas palabras del vocabulario de este capítulo pero recuerda que es más importante expresar las ideas que usar el vocabulario. ¡Lo más importante es comunicar! No debes traducir palabra por palabra.

1. They stopped fighting and became friends again. _____

2. Don't blame others for your own problems. _____

3. She went back to work after the baby was born. _____

4. They try hard, but it's not enough. _____

III Antes de leer

1. ¿Conoces personas que usan el trabajo como una menara de escaparse de sus problemas personales?

2. ¿Es posible que un encuentro breve con una persona te cambie la vida?

3. ¿Hay películas que te hacen recordar momentos específicos de tu vida? ¿Cuáles son?

IV Lectura

LAS PELÍCULAS DE MI VIDA (SELECCIÓN)

Albert Fuguet, el autor chileno que escribió Mala onda *(Capítulo 8), publicó* Las películas de mi vida *en el 2003. Beltrán Soler, el protagonista de la novela, es un sismólogo (científico que estudia terremotos). Él nació en chile y había pasado su juventud en Los Angeles. Beltrán está enamorado de su trabajo. No es una sorpresa que Chile sufra terremotos con frecuencia. Beltrán presenta una imagen extrañamente apasionada de los terremotos. En la cita que sigue se alegra de volver a Santiago, en Chile después de un viaje porque:*

> Aquí temblaba y temblaba de verdad. Aquí la tierra estaba viva y, por lo mismo, capaz de matar.
> Tal era mi obsesión por imbuirme[1] del Instituto [*de sismología*] y la universidad, por estar cerca de la corteza[2] chilena y poder estructurar de nuevo mi vida en torno a aquello que me hacía sentir completo y acogido[3].

[1] **imbuirme de** absorber o tomar las ideas de
[2] **corteza** la parte exterior, la superficie de la tierra
[3] **acogido** aceptado como parte de un grupo, protegido

Para Beltrán, el trabajo es una manera de escaparse y de protegerse de la vida alrededor de él. Parece frío, sin emociones. Durante un vuelo a Los

Angeles, Beltrán conoce a Lindsay, una californiana encantadora, que habla español porque trabaja como abogada de inmigración. Así los dos son bilingües y hablan con una mezcla de inglés y español. Mientras que charlan, Lindsay menciona un libro, Las películas de mi vida, escrito por un director de cine, que cuenta sus memorias cinematográficas. La referencia al libro y el encuentro con Lindsay afectan mucho a Beltrán. Según él Lindsay es . . .

. . . una mujer a la que (quizás) nunca volveré a ver. Fue ella la que me miró directamente a los ojos, la que me hizo reír, hablar, dudar, conectar. Fue ella la que me abrió la memoria y dejó escapar la viscosa[4] sustancia de la que están hechos los recuerdos.

[4]**viscosa** glutinosa, pegajosa (*sticky, gooey*)

Lo que sigue es el correo electrónico que Beltrán le mandó a Lindsay después de su encuentro.

De: Beltrán Soler Fecha: miércoles, 17 enero 2001 6:25AM
Para: Lindsay Hamilton
Asunto: the 50 movies of my life-(first 25-CALIF/64-73)

Hola Lindsay:
Primero que nada, soy el sismólogo del avión, Lima-LAX. Nos sentamos juntos. ¿Te acuerdas? Yo sí me acuerdo.
Anyway, han pasado bastantes cosas desde que nos separamos en el aeropuerto el lunes recién pasado. Te hice caso y fui a DVD Planet. What a place! You were right! Lo pasé muy bien, fue como volver a mi infancia, cuando me devoraba[5] las películas como si fueran M&M's.
I don't know why I'm sending you this but . . . you're the one who got me thinking about all the movies of my life and . . . Quizás no tenga a nadie más en el mundo a quien enviárselas pero eso no me parece ni triste ni me apena. Algo me dice que te envíe toda esta lista, todas estas películas.
Podría escribirte mucho (no he hecho otra cosa que teclear en esta vieja PowerBook sin parar) relatándote lo que me ha pasado por dentro (recordar, recordar, recordar), pero creo que basta con decirte que no pude dejar de pensar en esto de Las películas de mi

[5]**me devoraba** comía, consumía

vida (y que nunca he escrito tanto en mi vida). Eso es tu culpa. Como un acto reflejo, comencé a volver a ver en mi memoria las mías. Sólo por eso te agradezco . . .

Aquí están. Una parte de ellas, las de la primera mitad de mi infancia, al menos. Debajo de mi español parece que hay mucho inglés; debajo de mi adultez, sin duda que hay mucho niño.

En otro mail te envío el resto, attached.

Nada más.

Best and thanks.

—Beltrán S.

Beltrán le envía a Lindsay no sólo su lista de películas, sino también algo sobre cada película y sus recuerdos. En el Capítulo 14, vas a leer sobre la primera película que conmovió a Beltrán.

V Ejercicios

A. Comprendamos. Selecciona la mejor respuesta para completar la frase.

1. Beltrán está contento de volver a Chile porque _____.
   a. es su país y se siente protegido allí junto a su familia
   b. es una tierra de terremotos
   c. allí tiene memorias de su niñez
   d. ya no le gusta viajar

2. Después de su encuentro con Lindsay es obvio que Beltrán _____.
   a. quiere casarse con ella
   b. ya no tiene ganas de comunicarse con nadie
   c. se pone en contacto con sus emociones
   d. se queda deprimido por no verla más

3. En el correo electrónico, nos enteramos de que _____.
   a. Lindsay le ha dado muchos DVDs a Beltrán
   b. Beltrán descubrió por azar una tienda donde podía comprar o alquilar DVDs
   c. Lindsay le había dado consejos a Beltrán con respecto a una tienda de DVDs
   d. Beltrán le da consejos a Lindsay con respecto a una tienda de DVDs

4. En su correo electrónico a Lindsay, Beltrán sugiere que _____.

    a. no se comunica con nadie más que ella

    b. gracias a ella, él va a ponerse en contacto con parientes y amigos

    c. le gustaría ir al cine con ella

    d. es la última vez que le escribirá

5. En el correo electrónico, cuando Beltrán le dice a Lindsay "Eso es tu culpa", se lo dice en un tono _____.

    a. serio

    b. enojado

    c. gracioso y juguetón

    d. acusador

B. Charlemos

1. Beltrán tiene un encuentro por azar con una extranjera que le cambia la vida. Esta idea se encuentra mucho en novelas y películas. ¿Puedes nombrar unos ejemplos? ¿Te parece realista? ¿Puedes pensar en ejemplos de la vida real?

2. Según mucha gente, tener un trabajo que te guste, te gratifique y te dé autoestima es un elemento esencial para tener una vida feliz. Otros creen que el trabajo es sólo una manera de ganar el máximo dinero posible para permitirte gozar la vida mejor. ¿Con quién estás de acuerdo? Hay personas que no piensan mucho sobre qué los hará felices de veras. Por eso se equivocan y tienen vidas frustradas. ¿Has pensado en lo que quieres en el futuro?

3. ¿Qué piensas de la obsesión de Beltrán con su trabajo? ¿Conoces a alguien así? ¿Cuál es el límite entre la alegría del trabajo y una obsesión que puede ser un obstáculo para alcanzar la felicidad?

4. ¿Qué impresión tenemos de la personalidad de Beltrán? ¿Qué se revela en su actitud con respecto al poder destructivo de los terremotos? ¿Qué aprendemos de él al leer su correo electrónico a Lindsay?

5. El libro *Las películas de mi vida* es importante en esta selección; influye mucho a Beltrán. ¿Puedes pensar en un libro que te haya influido mucho a ti, o a alguien que conoces o al mundo en general?

C. Escribamos

1. Escribe un correo electrónico a una persona que sólo viste una vez. Puede ser una persona que conociste en realidad o puede ser un personaje ficticio.

2. Escribe un correo electrónico de Lindsay a Beltrán.

3. Tienes un pariente (madre, padre, abuelo, tía, etc.) obsesionado con el trabajo ("workaholic"), o un amigo que sólo estudia y no disfruta de su vida social. Escribe unos consejos a esta persona.

D. Actividades

1. Con un compañero de clase presenta una escena en un avión. Dos personas que no se conocen se sientan juntas y empiezan a charlar. Pueden descubrir que tienen mucho en común o que no tienen nada en común. Puede ser un encuentro agradable o desagradable, gracioso o serio.

2. Con un compañero de clase, presenta un diálogo entre Lindsay y Beltrán que pasa quince años después cuando se encuentran de nuevo por azar en otro avión.

Capítulo 14

Las películas de mi vida (continuación)

ALBERTO FUGUET

I Vocabulario

asegurar tranquilizar o calmar el miedo de alguien con una promesa. El médico le **aseguró** al paciente que su enfermedad no era grave.

avergonzarse sentirse humillado por algo malo que has hecho. La madre **se avergonzó** de haber castigado a su hijo por error.

calmar tranquilizar. El niño se despertó asustado a causa de una pesadilla (un sueño malo), y su madre lo tomó en sus brazos para **calmarlo**.

entero/a completo. El niño comió la pizza **entera**; no dejó ni un pedazo para su amigo.

fumar aspirar y expeler el humo que produce el tabaco. **Fumar** cigarrillos causa cáncer de pulmón.

hogar casa, departamento (apartamento) o cualquier sitio donde vive una persona. Mi **hogar** es el lugar donde me siento más cómoda.

insoportable describe algo tan desagradable que no se puede tolerar, inaguantable. En la Florida el calor es **insoportable** en el verano.

jurar declarar o prometer que algo es verdad ante una autoridad. Al casarse los novios **juraron** que iban a quererse para siempre.

lazo algo que une, vincula or relaciona a las personas; conexión. Los **lazos** entre amigos pueden ser tan fuertes como los que unen a una familia.

luego más tarde, después. Primero hay que terminar la tarea; **luego** puedes ir a la playa.

mentir (ie,i) no decir la verdad. El alumno **mintió** cuando dijo que el perro le había comido la tarea.

mentira lo contrario de la verdad. No creo nada de lo que dice Luis porque me ha dicho **mentiras** en el pasado.

milagro evento sobrenatural o divino. En la *Biblia,* cuando el Mar Rojo se dividió en dos, se considera un **milagro**.

milagroso/a se aplica a lo que ocurre por milagro. En este momento parece que paz en el mundo sería algo **milagroso**.

oler (hue) (1) percibir olores a través de la nariz. La madre **huele** la ropa de su hijo y sabe que ha estado fumando. (2) producir un olor Este perfume **huele** a rosas.

regalar dar algo de regalo. El padre de la niña le **regaló** un juguete el día de su cumpleaños.

tener vergüenza avergonzarse. Raúl **tenía vergüenza** después de decir una mentira a sus padres.

II Ejercicios de vocabulario

A. Preguntas

1. ¿Mientes a veces? ¿A quién? ¿Por qué?

2. ¿Puedes comer una pizza entera?

3. ¿Crees que hay milagros hoy en día? ¿Cuáles son?

4. ¿Qué haces para calmar a un amigo asustado?

5. ¿Con quién (o quiénes) tienes lazos más fuertes?

6. ¿Se preocupan por la salud los jóvenes que fuman? ¿Por qué fuman?

B. Escribe la letra de la palabra que corresponde.

1. _____ insoportable
2. _____ avergonzarse
3. _____ entero
4. _____ lazo
5. _____ regalar
6. _____ jurar
7. _____ milagroso
8. _____ luego
9. _____ fumar
10. _____ hogar

a. afirmar la verdad de algo que dices
b. no ahora
c. se aplica a algo que odias
d. describe algo raro y maravilloso
e. donde duermes, comes, tienes tus cosas
f. vicio peligroso para la salud
g. tener vergüenza
h. lo que te une a otra persona
i. todos los pedazos
j. el contrario de recibir

C. Completa la frase.

1. Una situación insoportable es cuando _____

2. Me alegro mucho cuando entro en la casa y huelo _____

3. Siempre les aseguro a mis padres que _____

4. Tuve vergüenza cuando _____

5. _____ debe avergonzarse porque _____

_____

6. En mi cumpleaños espero que alguien me regale _____

7. Juro que siempre _____

8. Un evento milagroso sería _____

D. Escribe una frase original.

1. tener vergüenza _____

2. oler _____

3. jurar _____

4. insoportable _____

5. mentir _____

E. Explica. Vas a comunicar las ideas que siguen a alguien que sólo habla español. Trata de utilizar algunas palabras del vocabulario de este capítulo pero recuerda que es más importante expresar las ideas que usar el vocabulario. ¡Lo más importante es comunicar! No debes traducir palabra por palabra.

1. He broke off all ties with his old friends. _____

_____

2. A house is not a home without love. _____

_____

3. He should be ashamed of himself. _____

_____

4. I smell a rat! (De dos maneras: literalmente y en sentido figurado).

_____

_____

III Antes de leer

1. La relación entre un niño o una niña y su mamá es el primer lazo familiar y tal vez el más fuerte de la vida. Pero esta relación pasa por cambios y dificultades. Piensa en cómo te llevas con tu mamá. ¿Cómo ha cambiado esta relación durante las varias etapas (*stages*) de tu vida desde la niñez hasta la adolescencia?

2. Es común que los adolescentes tengan conflictos con sus padres. ¿Por qué es así?

3. ¿Has visto algo en una película que te haya asustado o que te haya dado mucho miedo?

IV Lectura

Una de las primeras películas de la que Beltrán le escribe a Lindsay es Dumbo, *que Beltrán vio a la edad de cuatro años. La película le trae a la memoria los recuerdos de su vida, de lo que pasaba en el momento de verla y también de algo que pasó años después.*

LAS PELÍCULAS DE MI VIDA (SELECCIÓN)

Dumbo (*Dumbo*, USA, 1941, 64 min)
Dirigida por: Ben Sharpsteen. Largometraje[1] animado de los estudios de Disney
Vista en: 1968, Inglewood, California

Mi mamá me llevó a ver la historia del elefante con orejas de paila[2], a un inmenso teatro de la calle Sepulveda, una mañana que llovía. Nunca había visto tanto niño en un mismo sitio, niños recién bajados de los aviones, niños de todos los continentes, de todos los colores, todos juntos en el cine con sus madres viendo *Dumbo*.

No la vi entera, eso sí porque hubo un momento en que me quise salir. Lo que más me alteró, aterró, paralizó fue la escena en que a Dumbo le quitan a su madre y él la visita luego en su jaula[3]. Ella lo acurruca[4] en la trompa[5] y suena una canción . . . *Baby Mine*, y los dos lloran, sus inmensos ojos se llenan de agua, y se nota que se aman tanto, que se necesitan tanto, . . . que no aguanté y me puse a llorar de miedo, me puse a berrear de pánico porque la idea de que me quitaran a mi madre, o que ella me abandonara en ese cine, o en Inglewood, o en algún otro lugar me pareció intolerable. ¿Y si algún día se muere? ¿Cómo uno puede vivir sin su madre? ¿Sin que esté al lado suyo cada segundo de la vida? La secuencia me resultó tan insoportablemente triste y me asustó de una manera tan severa que me largué[6] a llorar sin más. Lo bueno, lo milagroso, fue que mi madre me calmó, me aseguró que no sólo no se iba a ir sino que nunca iba a morir.

Vi *Dumbo* en el momento más propicio[7]: cuando uno le hace dibujos[8] a su madre y le regala flores que sacó del jardín y le jura que cuando grande se va a casar con ella, algo que luego te sacan en la cara[9]. Más de diez años después, en Santiago de Chile, cuando no teníamos casa ni familia ni hogar . . . llegué al departamento

[1] **largometraje** película de más de 60 minutos
[2] **de paila** *like a large, shallow pan*
[3] **jaula** estructura de metal para encerrar animales
[4] **acurruca** *snuggle*
[5] **trompa** la nariz larga del elefante
[6] **me largué** me fui
[7] **propicio** favorable
[8] **dibujos** representación gráfica de una imagen
[9] **te sacan en la cara** *they throw it in your face*

de mis abuelos donde estábamos de allegados[10], y mi madre me estaba esperando en la cocina . . .

—Hueles a pisco, a cigarrillos—me dijo—. No me digas que ahora fumas y tomas[11].

—No—le dije—no deseo ser como ustedes.

Mi madre fumaba mucho, siempre tenía un cigarrillo en la boca. Su auto siempre olía a tabaco y a pastillas de menta[12] . . .

—¿Te acuerdas de que antes te querías casar conmigo?—me dijo mi madre.

—No—le mentí.

—¿No te acuerdas que me decías «mi novia», que sólo deseabas estar junto a mí y contarme cada una de las cosas que hacías o descubrías? Eso me lo decías en español, una de las pocas cosas que me decías en español. Ahora no me cuentas nada en ninguno de los dos idiomas.

Mi madre me seguía mirando con sus ojos pardos que, dependiendo de la luz, delataban[13] la tristeza y la resignación que intentaba esconder cuando sonreía. Noté que [ella] sabía lo que [yo] estaba pensando y me avergoncé.

—Mamá, era chico.

[10]**de allegados** como invitados, vivían con los abuelos
[11]**tomas** bebes alcohol
[12]**pastillas de menta** *breath mints*
[13]**delataban** revelaban algo oculto

V Ejercicios

A. Comprendamos. Selecciona la mejor respuesta para completar cada frase.

1. Es obvio que el debut de *Dumbo* en California _____.

   a. no atrajo a muchas personas porque llovía

   b. fue un evento de importancia mundial

   c. no tuvo éxito

   d. le resultó a Beltrán difícil de recordar

2. En la frase "No la vi entera", "la" se refiere a _____.

   a. la madre de Beltrán

   b. la película

c. la madre de Dumbo

d. la memoria de Beltrán

3. Cuando Beltrán dice que la escena de *Dumbo* lo "alteró", el significado más probable de esta palabra es _____.

a. alegró

b. hizo reír

c. humilló

d. inquietó o dio miedo

4. Cuando Beltrán dice "me puse a berrear de pánico", el significado más probable de "berrear" es _____.

a. reírse

b. sonreírse

c. gritar

d. enrojecerse

5. Beltrán tuvo que irse del cine sin ver el fin de la película porque _____.

a. no pudo aguantar el sufrimiento de la madre de Dumbo en la jaula

b. tenía miedo de perder a su propia mamá

c. no le gustó la película

d. tenía miedo de los elefantes

6. Beltrán vio *Dumbo* en "el momento más propicio" porque _____.

a. a la edad de cuatro años adoraba a su madre y pudo identificarse con el amor de Dumbo por su mamá

b. a la edad de cuatro años a los niños les gustan los animales como los elefantes

c. después no le gustarían las películas de Disney

d. antes era demasiado joven para entender la película

7. Años después, cuando Beltrán es un adolescente de catorce o quince años, su madre le recuerda que cuando era niño la adoraba. Ella quiere recordarle esto porque _____.

a. nada ha cambiado entre ellos

b. ella sabe que Beltrán le ha dicho una mentira

c. su relación es tan diferente y ella tiene nostalgia por el cariño que compartían hace años

d. ella ya no le tiene cariño

8. Cuando Beltrán le dice a su madre "no deseo ser como ustedes", él
   sugiere que _____.
   a. quiere quedarse joven
   b. su madre fuma y bebe alcohol
   c. los adultos no se divierten
   d. los adultos huelen mal

9. Beltrán se avergonzó al final porque _____.
   a. le dijo una mentira a su mamá
   b. se había olvidado de cuando tenía tanto cariño por su mamá
   c. estaba fumando y tomando alcohol
   d. se da cuenta de la tristeza y pena que su mamá trata de esconder

B. Charlemos

1. ¿Puedes acordarte de la primera película que viste en el cine? ¿Has tenido una experiencia similar a la de Beltrán cuando vio *Dumbo*?

2. Perder al padre o a la madre es un miedo común a todos los niños. ¿Puedes recordar este miedo u otros de la niñez?

3. La madre de Beltrán lo tranquiliza al decirle que ella nunca va a morir. ¿Se puede justificar decir una mentira a un niño? ¿Estás de acuerdo con lo que hizo la madre? Si no, ¿qué le hubieras dicho tú? ¿Puedes acordarte de ocasiones cuando un adulto te dijo una mentira?

4. En esta lectura Beltrán nos revela una gran variedad de emociones, desde los miedos de su niñez hasta sus reacciones como adolescente en discusiones con su madre. Comenta cada emoción. ¿Puedes identificarte con cada emoción de Beltrán? Explícalas. ¿En qué sentido están muy mezcladas o confusas las emociones de Beltrán? ¿Te parecen sus sentimientos típicos y realistas?

5. ¿Te avergüenzas a veces de apenar a tus padres? Comparte un ejemplo con la clase.

6. La madre de Beltrán le recuerda que cuando era niño él le regalaba flores y decía que quería casarse con ella algún día. La madre le recuerda estas cosas para conmoverlo. ¿Hay ciertas memorias que tus padres te recuerdan para conmoverte?

C. Escribamos

1. Beltrán nos describe el día en que vio *Dumbo*. Selecciona un recuerdo emocional de tu niñez. Puede ser una memoria feliz, graciosa, triste, o la memoria de un susto, etc. Describe este recuerdo.

2. Escribe tu reacción a una película que te conmovió mucho. Puede ser de tu niñez o más reciente.

3. Escribe un diálogo entre una madre o un padre y un niño asustado.

4. Escribe unos consejos a la madre de Beltrán. Trata de ayudarla a entender mejor a su hijo y dile cómo puede llevarse mejor con él.

D. Actividades

1. Con un compañero de clase, presenta una crítica de una película que hayan visto este año. Pueden estar de acuerdo en sus opiniones o pueden expresar opiniones diversas.

2. Con un grupo de compañeros de clase, presenta una escena de un programa de televisión que ayuda a gente con problemas. El tema del programa es "Sobrevivir a la adolescencia". Hay un grupo de padres y un grupo de hijos. El consejero o psicólogo trata de ayudarlos a entenderse y llevarse mejor. Los dos grupos presentan sus quejas al consejero o psicólogo.

3. Con uno o dos compañeros de clase, presenta una escena entre un padre o una madre, o los dos, y su hijo o hija. La escena debe ilustrar un conflicto típico de los padres y los adolescentes de hoy en día.

Capítulo 15

Frases inteligentes

I Vocabulario

alcanzar (1) llegar a un lugar; ponerse a la altura de una persona. El niño corrió rápidamente para **alcanzar** a su amigo. (2) lograr, obtener o conseguir algo. La actriz española ha **alcanzado** gran fama y éxito en el cine norteamericano.

alma el espíritu de un ser humano. La Madre Teresa tenía un **alma** gigantesca.

cuidar mantener en buen estado, dedicarse a las necesidades de alguien o de algo. La madre **cuida** al bebé con gran cariño.

cuidar de ocuparse de hacer algo. Yo **me cuido de** comer bien y de mantener una buena salud.

desahogarse aliviar los sentimientos al expresarlos con libertad. Yo **me desahogué** contando mis penas a mi mejor amiga.

disfrutar sentir placer o satisfación por hacer o tener algo. Yo **disfruto** de buena salud.

divertirse (ie) encontrar alegría o satisfacción haciendo algo. Los jóvenes **se divierten** más con los amigos que con los adultos.

divertido alegre, gracioso. Los libros del Dr. Seuss son muy **divertidos**.

experimentar pasar por cierta experiencia. Carlos **experimentó** gran alegría en el momento de encontrar a su perro perdido.

gemelo cada uno de los dos bebés que nace de un mismo parto *(birth)*, de una misma madre. Los **gemelos** son idénticos y su madre los viste igual.

hacerle daño producir un dolor o problema. Al político **le hizo daño** estar borracho en público.

íntimo/a se dice de una relación muy fuerte y familiar entre personas. Gabriel y yo somos amigos muy **íntimos**; yo le digo todos los secretos de mi alma. **intimidad** relación íntima. Hay una gran **intimidad** entre Luisa y sus hermanas.

lugar, **en lugar de** en sustitución de, en vez de. Juan fue a la fiesta **en lugar de** Pedro y nadie se dio cuenta porque son gemelos idénticos.

orgullo sentimiento de satisfacción o contento por algo que
has hecho. El escritor tiene
gran **orgullo** de sus novelas
que han conmovido a tantas
personas.

orgulloso/a se aplica a la persona
que siente orgullo. Estoy
orgullosa de mis hijos porque
son buenos y generosos.

papel, **hacer el papel** Christopher
Reeve **hizo el papel** de
Superman en varias películas.

parecer 1) tener la apariencia.
Juan y Carlos tienen la misma
edad pero Juan **parece** mayor.
2) causar determinada
opinión. Me **parece** que
Penélope Cruz es la actriz más
bonita pero a mi hermano le
parece que la más bella es
Salma Hayek.

parecerse scr muy similares dos
personas o dos cosas. Mi
hermano **se parece** tanto a John
Travolta que muchas personas
creen que es él.

parecido/a similar. Los dos
hermanos no son gemelos, sin
embargo son muy **parecidos**.

propósito intención, objetivo, lo
que quieres lograr. El **propósito**

de estudiar debe ser aprender, no
sólo sacar notas buenas.

sabio/a se aplica a la persona con
entendimiento y conocimientos
profundos. Siempre le pido
consejos a mi abuelo porque él
es muy **sabio**.

salirse con la suya lograr o
conseguir algo por ser obstinado,
lograr que otra persona haga lo
que uno quiere. Carlitos grita
hasta que los padres le dan lo
que quiere. El resultado es que
siempre **se sale con la suya** y
está muy mimado.

vacío/a se dice de algo que no tiene
nada adentro. Después de que sus
niños se fueron a la universidad,
la casa del Sr. y la Sra. Castro les
parecía muy **vacía**.

valer (1) tener cierto valor
económico o sentimental. Los
dibujos de Picasso **valen**
millones de dólares. (2) tener
cierto valor, utilidad o
importancia. El respeto de una
persona sabia **vale** más que el
respeto de una persona boba.

vale la pena indica la importancia
de hacer algo. No **vale la pena**
ganar mucho dinero si no tienes
tiempo para disfrutarlo.

II Ejercicios de vocabulario

A. Preguntas

1. ¿Crees que el ser humano tiene un alma? ¿Crees que los animales la
   tienen?

2. ¿Qué problema le hace daño a nuestra sociedad?

3. ¿Te gustaría tener un gemelo o una gemela idéntico(a) a ti? ¿Por qué
   o por qué no?

4. ¿Conoces a alguien que siempre se sale con la suya? Da ejemplos. ¿Cómo es su personalidad?

5. ¿Quién hace el papel de tu personaje favorito en una película?

6. ¿En qué ocasión te divertiste mucho?

7. ¿De qué se sienten orgullosos tus padres?

8. ¿Qué situaciones extrañas has experimentado en tu vida?

9. ¿Te pareces a alguien de tu familia? ¿A quién te pareces?

10. ¿Conoces a alguien que se parezca a una persona famosa? ¿Quién es?

11. ¿Quién es la persona más sabia que conoces? ¿Por qué te parece sabia esta persona?

B. Escribe la letra de la palabra que corresponde.

1. _____ gemelos

2. _____ salirse con la suya

3. _____ vale la pena

4. _____ hacerle daño

5. _____ hacer el papel

6. _____ alma

7. _____ divertido

8. _____ parecerse

9. _____ propósito

10. _____ cuidar

a. tener la misma apariencia
b. el contrario de aburrido
c. el resultado que quieres lograr; motivo
d. hermanos nacidos en un mismo parto
e. ser mimado
f. ocuparse de
g. es importante hacerlo
h. lo que hace un actor
i. el contrario de ayudar
j. el aspecto no físico de una persona

C. Completa la frase.

1. Una cosa que le hace daño a nuestra escuela es _____

2. Nunca voy a dejar de _____

3. Prefiero _____ en lugar de _____

4. Vale la pena _____

5. No vale la pena _____

6. Algún día espero alcanzar la fama en el campo de _____

7. Siempre me divierto cuando estoy _____

8. Estoy orgulloso/a de mí mismo/a porque _____

9. Yo me salí con la mía cuando _____

10. Siempre necesito desahogarme después de _____

D. Escribe una frase original.

1. propósito _____

2. valer _____

3. parecer _____

4. alcanzar _____

5. desahogarse _____

E. Explica. Vas a comunicar las ideas que siguen a alguien que sólo habla español. Trata de utilizar algunas palabras del vocabulario de este capítulo pero recuerda que es más importante expresar las ideas que usar el vocabulario. ¡Lo más importante es comunicar! No debes traducir palabra por palabra.

1. She is very spoiled and always has to have her own way. _____

_____

2. All the wealth in the world is not worth losing one's soul. _____

_____

3. He needs direction in life; he lacks clear objectives. _____

_____

4. Our grandparents play an important part in our lives. _____

_____

III Antes de leer

1. Piensa en consejos y comentarios sobre la vida, u observaciones sabias que has escuchado alguna vez. ¿Cuál es un buen ejemplo?

2. En nuestra cultura, escuchamos mucho lo que dicen las celebridades. A veces sus comentarios son inteligentes pero otras veces no. ¿Puedes pensar en ejemplos de estos comentarios sabios y tontos?

IV Lectura

En la selección que sigue varias celebridades nos revelan sus opiniones sobre varias cosas.

FRASES INTELIGENTES

Ellas hablan . . .
Frases inteligentes . . . que pueden servirte de inspiración, hacerte pensar, sentirte orgullosa de ser mujer.

Halle Berry
"Me pregunto cuál es mi verdadero propósito en la vida, y me he puesto a analizar lo que hago. Soy actriz, hago películas. Entretengo al público y me pagan por eso, pero cuando lo pienso, a veces me parece que llevo una existencia muy frívola y superficial. ¡Qué insignificante me parece mi papel en el esquema total de la vida!"

Angelina Jolie
"¿Terapia, yo?" No la necesito. Los personajes que interpreto son mi verdadera terapia personal.

Rose McGowan
"Hago lo que quiero siempre que no perjudique (*le haga daño*) a nadie. No entiendo por qué más personas no piensan así . . . Si alguien llora, yo lloro. Si alguien no tiene dinero, le doy el mío. Si tenía una bicicleta cuando era niña, me sentía culpable si veía a una persona esperando el autobús."

Lisa Kudrow
"Empecé a mirar los *reality shows* y me aterró que la gente se prestara a ser humillada delante del país entero. Tampoco entiendo a los actores y actrices que permiten que las cámaras invadan su vida privada. Alcanzan la fama no por la calidad de su trabajo, sino porque no tienen privacidad. Yo cuido de mantener mi vida separada de mi carrera, porque mi intimidad es muy importante para mí. Yo valgo más que eso."

Ellos hablan . . .
Frases inteligentes . . . que nos revelan sus pensamientos, sus emociones, lo que les sirve de inspiración y guía en la vida.

Orlando Bloom
"Estoy enamorado del amor. Es una sensación celestial la que experimentas cuando te estás enamorando de una mujer y te resulta imposible dejar de pensar en ella."

Heath Ledger (Hablando de Michelle Wlliams, la madre de su hija, Matilda)
"Es mi alma gemela, y no podemos amarnos más de lo que nos amamos. Somos tan parecidos . . . como dos gotas de agua."

Brad Pitt
"La fama llega a ser detestable. En realidad, pone el énfasis en el lado equivocado. Puede hacer que te salgas con la tuya en los menores caprichos en lugar de mirar lo que tienes en tu interior."

Ben Affleck
"No soy del tipo de hombre que disfruta una aventura de una noche. Me deja vacío y lleno de cinismo, y ni siquiera la encuentro sexualmente divertida. Necesito sentir algo por la mujer con la que estoy, e ilusionarme con la esperanza de que lo nuestro pueda conducir a una relación."

Leonardo DiCaprio
"Lo mejor de ser actor es que mi personalidad desaparece para fundirse en otro personaje y, además, me pagan por eso. Es una excelente forma de desahogarme. En cuanto a mí, no estoy muy seguro de quién soy. Me parece que cambio todos los días . . . Después de un tiempo en este trabajo, te das cuenta de que la recompensa no es que reconozcan tu cara. Es que recuerden tus películas."

V Ejercicios

A. Comprendamos. Selecciona la mejor respuesta para completar cada frase.

1. Las dos personas que hablan de su carrera como una manera de resolver sus problemas o escaparse de sí mismas son _____.
   a. Ben Affleck y Brad Pitt
   b. Ben Affleck y Angelina Jolie
   c. Angelina Jolie y Leonardo DiCaprio
   d. Leonardo DiCaprio y Heath Ledger

2. Según Lisa Kudrow _____.
   a. la fama le ha hecho daño a su vida personal
   b. es imposible mantener una vida privada si uno es famoso
   c. ciertas celebridades tienen la culpa de no tener una vida privada
   d. la falta de una vida privada es el precio que uno paga por ser famoso

3. El famoso que expresa más compasión por otras personas es _____.
   a. Rose McGowan
   b. Angelina Jolie
   c. Lisa Kudrow
   d. Brad Pitt

4. Los tres famosos que ponen énfasis en la importancia del amor verdadero son _____.
   a. Leonardo Dicaprio, Orlando Bloom y Angelina Jolie
   b. Halle Berry, Heath Ledger y Ben Affleck
   c. Orlando Bloom, Heath Ledger y Ben Affleck
   d. Lisa Kudrow, Orlando Bloom y Brad Pitt

5. El famoso que se preocupa más por la importancia de su trabajo y de lograr algo importante en el mundo es _____.
   a. Halle Berry
   b. Rose McGowen
   c. Lisa Kudrow
   d. Leonardo DiCaprio

B. Charlemos

1. ¿Qué persona famosa te parece más sabia? ¿Por qué?

2. ¿Con la idea de quién puedes relacionarte más? Explica.

3. ¿Hay alguien con quién no estás de acuerdo? Explica.

4. Si pudieras invitar a una de estas personas, ¿a quién sería?, ¿por qué?, ¿qué quisieras preguntarle?

5. Brad Pitt dijo que "La fama llega a ser detestable". Hoy en día oímos mucho de los problemas de los famosos, la pérdida de su vida privada, la molestia de los paparazzi, etc. ¿Te parece que vale la pena ser famoso? ¿Te gustaría ser famoso? ¿Estás de acuerdo con Brad Pitt cuando dice que la fama puede tener un efecto malo en los valores de una persona?

6. Lisa Kudrow critica los *reality shows* porque la gente se presta "a ser humillada delante del país entero". ¿Estás de acuerdo con ella? ¿Puedes dar ejemplos de los peores programas? ¿Disfrutas de algunos de ellos? ¿Por qué piensas que son tan populares?

7. Ben Affleck no "disfruta de una aventura de una noche". Esta actitud, por lo general, ¿es más típica del hombre o de la mujer? ¿Crees que hoy no hay tanta diferencia entre los sexos con respecto al deseo de tener una relación?

8. Halle Berry piensa en el propósito o el significado de la vida. Es una cuestión metafísica eterna y universal. Algunos buscan la respuesta en la religión, la familia, el arte, los amigos, el trabajo. ¿Qué piensas tú?

9. Heath Ledger dice que su esposa es su "alma gemela". ¿Cómo se expresa este concepto en inglés? ¿Crees que sólo hay *un* alma gemela para cada persona?

C. Escribamos

1. Según Leonardo Dicaprio, el valor de ser actor no es "que reconozcan tu cara. Es que recuerden tus películas." Imagínate ya viejo/a. ¿Cómo quieres ser recordado/a en tu vida? Escribe una lista de cosas que quieres haber hecho antes de ser viejo/a.

2. Escribe una carta a una de las personas famosas. Puedes expresar tus opiniones sobre lo que la persona ha dicho o sobre sus películas.

3. Escribe tus propios comentarios u observaciones sabias.

4. La expresión "alma gemela" no se puede traducir literalmente al inglés. Tales expresiones pueden ser difíciles para una persona que está

aprendiendo la lengua. Explícale a un amigo que sólo habla español
el significado de:
a. couch potato
b. fifteen minutes of fame
c. star struck

D. Actividades

1. Has pensado en una idea original para un *reality show* o una telenovela. Estás tratando de convencer a un director de una cadena (*TV net-
work*) que compre tu idea. Con un compañero de clase, presenta la
escena en la que tratas de convencer al director/a.

2. Has encontrado al "ser humano más sabio" del planeta. Con un compañero de clase, presenta una entrevista a esta persona en la que le
haces preguntas sobre las cuestiones, los problemas más importantes
y los misterios de la vida.

3. La clase se divide en dos equipos. Cada alumno piensa en una expresión en inglés como *star struck* o *couch potato*. En turnos, cada alumno
explica en español a su equipo el significado de su expresión hasta que
alguien de su equipo pueda decir la expresión en inglés. El equipo que
puede hacerlo en menos tiempo gana el juego.

Repaso de
Vocabulario III

A. Crucigrama. Completa el crucigrama usando las siguientes palabras:

personajes	alma	vacío	odiar
lugar	con	luna	en
culpa	les	oler	jura
leí	sollozar	raro	el
luego	vale	callamos	abrazar
calma	la	reír	dibuja
burlarse	acordarme	la	de
milagros	bobo	enviar	

Horizontal

1. Nos _____ cuando nuestro padre dice "¡silencio!".
6. El niño va a _____ una carta a su abuela.
8. Más tarde, después
9. Al esclavo le falta _____ libertad.
10. Yo _____ *Mi país inventado* de Isabel Allende.
11. Siempre voy a _____ de mi primer amor; nunca voy a olvidarlo.
16. Reírse de otra persona
21. El hombre acusado del crimen _____ que no lo hizo.
22. Astro que se ve en el cielo por la noche
24. El elemento espiritual de una persona
25. Al entrar en la casa, Diego puede _____ el perfume dulce de su mujer.
27. Horton el elefante y el Grinch son _____ creados por Doctor Seuss.
29. Reaccionar a algo cómico

Vertical

1. Error o responsabilidad
2. Sitio
3. El contrario de amar
4. El joven caprichoso y holgazán fue a la fiesta _____ lugar de estudiar para el examen.
5. Que no tiene nada adentro
7. No _____ la pena quejarse de lo que no puedes cambiar.
9. El niño mimado está acostumbrado a salirse con _____ suya.
12. Carmen siempre se junta _____ sus amigas después de las clases.
13. Crea una imagen con un lápiz o una pluma
14. Muchos alumnos del último año dejan _____ estudiar después de ser aceptados por una universidad.
15. Eventos que no se pueden explicar
17. El contrario de común
18. Llorar

19. Expresar cariño usando los brazos

20. Tranquiliza

23. El contrario de sabio

26. Las madres protegen a sus bebés. No quieren que nadie _____ haga daño.

28. Muchos actores famosos han hecho _____ papel de James Bond.

B. Selecciona la mejor respuesta para completar cada frase.

1. Me llevo bien con Juan pero no puedo _____ a su hermano, que siempre se queja de todo.
   a. desarrollar
   b. compartir
   c. aguantar
   d. esconder

2. Encontré una tarántula en mi cama. ¡Qué _____!
   a. susto
   b. terremoto
   c. hogar
   d. lazo

3. Después de relajarse una hora, Pablo _____ trabajar.
   a. dejó de
   b. volvió a
   c. se burló de
   d. asombró

4. El niño _____ porque tenía vergüenza.
   a. se alegró
   b. alivió
   c. bastó
   d. se enrojeció

5. Me _____ pensar en el sufrimiento de la gente enferma.
   a. apena
   b. miente
   c. regala
   d. alcanza

6. Siempre nos _____ en el mundo de Disney.
   a. parecemos
   b. divertimos
   c. hacemos daño
   d. cuidamos

7. El actor le _____ a la Academia cuando recibió su Oscar.
   a. consiguió
   b. aseguró
   c. agradeció
   d. juró

8. Sus comentarios racistas le _____ a la carrera del político.
   a. hicieron daño
   b. disfrutaron
   c. olieron
   d. regalaron

9. La madre besó _____ de su hijo.
   a. las mejillas
   b. las almas
   c. los gemelos
   d. los lazos

10. A veces un joven _____ la autoridad de sus padres.
   a. dibuja
   b. luce
   c. desafía
   d. fuma

C. Escribe la letra de la palabra que corresponde.

1. _____ caro
2. _____ palabrota
3. _____ de nuevo
4. _____ hogar
5. _____ disfrutar
6. _____ gemelos

a. hermanos que se parecen mucho
b. no decir nada
c. conseguir lo que quieres lograr
d. hacerle daño a la persona que te hizo daño
e. que cuesta mucho dinero
f. el lugar donde vive una persona
g. algo que no debes decir

7. _____ orgullo

8. _____ vengarse

9. _____ callarse

10. _____ tener éxito

h. otra vez

i. sentimiento de satisfacción por tu éxito

j. hacer algo que te da alegría

D. Explica estos modismos a alguien que no habla inglés. (No debes traducir las frases literalmente, sino explicar el significado).

1. He's full of himself. _____

2. When pigs fly _____

3. He's not the sharpest tool in the shed. _____

4. It costs an arm and a leg _____

5. He's always in my face. _____

E. Escoge el modismo español que corresponde a cada modismo en el Ejercicio D. Escribe los números.

a. Cuesta un ojo de la cara. _____

b. Piensa que es la última coca cola en el desierto. _____

c. Está hasta en la sopa. _____

d. Es tan bobo que si se cae, come hierba. _____

e. Cuando las ranas críen pelo _____

Capítulo 16

Cacería . . . ¿buena?

DE *NEWSWEEK EN ESPAÑOL*

I Vocabulario

actualmente ahora, hoy en día. **Actualmente** estás leyendo las palabras del vocabulario.

bala proyectil que viene de las armas de fuego. No se puede usar una pistola sin **balas**.

beneficio ventaja, algo que mejora la situación de alguien. El **beneficio** de vivir en una ciudad es que hay mucho que hacer, y hay restaurantes, teatros y museos muy cercanos.

cazar buscar animales para capturar o matarlos. Esos hombres **cazan** tigres y leones para ponerlos en el parque zoológico.

cacería acción de cazar. La **cacería** es un deporte según unos y una brutalidad según otros.

cazador persona que practica la cacería. El **cazador** tiene la cabeza de un tigre colgada en la pared de su casa.

ciervo animal no domesticado que se encuentra con frecuencia en los bosques de Norteamérica (*deer*). Tuvimos que parar el auto de repente cuando un **ciervo** cruzó la carretera enfrente de nosotros.

competencia rivalidad entre personas para ver quién puede hacer algo mejor. La Superbowl es una **competencia** entre dos equipos de fútbol.

competitivo/a se aplica a una persona que le gusta competir, o que le importa mucho ganar. Mi amigo es muy **competitivo** cuando juega al tenis; no le gusta perder.

condenar (1) imponer un castigo a una persona culpable de un crimen. El juez (*judge*) **condenó** al criminal a siete años de cárcel en Sing Sing. (2) criticar fuertemente. Debemos **condenar** a los que conducen borrachos.

derecho elemento de justicia que debe tener un ser humano; la ley que protege a todos los seres humanos. En los sesenta, el movimiento de **derechos** civiles cambió la sociedad de los Estados Unidos.

ético moral, se refiere a la bondad y justicia en las acciones humanas. El Senador Sánchez no acepta dinero por hacer favores; tiene carácter **ético**.

herir (ie, i) hacerle daño al cuerpo de alguien. Un criminal con un rifle **hirió** a muchas personas.

herida el resultado de herir. Algunas víctimas del criminal se murieron a causa de las **heridas**.

repelido/a una reacción de repugnancia o disgusto. Muchas personas se sienten **repelidas** cuando ven a alguien vomitando.

sangre líquido rojo que circula por nuestras venas. El hombre herido se quedó muy débil porque había perdido mucha **sangre**.

soltar (ue) dejar en libertad. El muchacho capturó un caballo y después lo **soltó** porque tuvo compasión.

II Ejercicios de vocabulario

A. Preguntas

1. ¿Te gustaría cazar? ¿Por qué o por qué no?

2. ¿Puedes aguantar ver la sangre?

3. Hay personas que no quieren matar a ningún ser vivo. Cuando capturan un insecto en la casa, lo sueltan en lugar de matarlo. ¿Qué piensas de esta costumbre?

4. ¿Qué figuras históricas se asocian con el movimiento de los derechos civiles de los sesenta? ¿Qué figuras se asocian con el movimiento de los derechos de las mujeres?

5. ¿Qué figura histórica es un buen ejemplo de una persona ética?

6. ¿Quién es la persona más competitiva que conoces? ¿Eres tú competitivo/a? Explica.

7. ¿Cuáles son los beneficios de tener una buena educación?

8. ¿Cuáles son los beneficios de tener un perro como animal doméstico (mascota)?

B. Escribe la letra de la palabra que corresponde.

1. _____ bala
2. _____ ciervo
3. _____ derechos
4. _____ ética
5. _____ soltar
6. _____ beneficio
7. _____ sangre
8. _____ competitivo
9. _____ condenar
10. _____ actualmente

a. no le gusta perder
b. un líquido vital en el cuerpo
c. algo que puede causar una herida
d. un animal
e. ahora, en el presente
f. criticar
g. describe a una persona buena y justa
h. algo que te ayuda
i. el contrario de capturar
j. votar y expresar tu opinión son ejemplos

C. Completa la frase.

1. Los alumnos de nuestra escuela deben tener el derecho de _____

_____

2. _____ es una persona ética porque _____

_____

3. La sociedad debe condenar a personas que _____

4. Actualmente, el gobernador de nuestro estado es _____

_____

5. La peor herida que he sufrido fue _____

D. Escribe una frase original.

1. beneficio _____

2. actualmente _____

3. soltar _____

4. condenar _____

5. derecho _____

E. Explica.
Vas a comunicar las ideas que siguen a alguien que sólo habla español. Trata de utilizar algunas palabras del vocabulario de este capítulo pero recuerda que es más importante expresar las ideas que usar el vocabulario.

¡Lo más importante es comunicar! No debes traducir palabra por palabra.

1. Who let the dogs out? _____

_____

2. Free speech is a basic right in a democratic country. _____

_____

3. Some people think there's too much bloodshed on TV. _____

_____

4. An ethical life is its own reward. _____

_____

III Antes de leer

1. Actualmente hay un gran debate sobre el tratamiento de los animales. Algunos creen que el ser humano tiene el derecho de utilizar a los animales para su propio beneficio. Según otros nadie tiene el derecho de hacerles daño a los animales. Entre estos dos extremos hay una variedad de opiniones. ¿Qué piensas tú?
2. Organizaciones como Personas por el Tratamiento Ético a los Animales, (PETA en inglés) son extremistas en su manera de protestar sobre el abuso de animales. Por ejemplo, les tiran pintura roja a las mujeres que llevan abrigos de piel de animales. ¿Qué piensas de esta forma de protestar?
3. ¿Tienes algún animal doméstico (mascota) en casa? ¿Es el animal un miembro de la familia?

IV Lectura

CACERÍA . . . ¿BUENA?

Este otoño, La Asociación Mundial de Cacería (WHA por sus siglas en inglés), nueva liga competitiva, incluirá en su torneo de cacería de ciervos a diez cazadores [. . .] que no dispararán[1] balas. En un intento por atraer espectadores que podrían sentirse repelidos por la sangre, los organizadores de la asociación han calificado

[1] **dispararán** utilizarán un arma de fuego (*fire a gun or other weapon*)

esta competencia como "no letal"—es decir, los cazadores dispararán dardos[2] tranquilizadores con arcos, rifles y cerbatanas[3], mientras que los veterinarios apostados en la región atenderán a los ciervos después de ser derribados[4]. "Es más aceptable para el público", comenta David Farbman, fundador de WHA. "Cazar no es sólo matar".

Eso es cuestión de debate. La Asociación Nacional del Rifle ha declarado que este esquema[5] "no es cacería", interpone Andrew Arulanandam, vocero de la organización, ya que se contrapone[6] a la ética del deporte. La cacería consiste en matar limpiamente, insiste Arulanandam y los dardos no letales causan heridas a los animales. "Incluso pueden lesionarlos[7] permanentemente", añade. En la cacería hay que derribar al animal de la manera más humanitaria posible." Esta forma de caza de "atrapar y soltar" también ha sido condenada por la Alianza de Deportistas de los Estados Unidos y la organización de Personas por el Tratamiento Ético a los Animales (PETA).

[2] **dardos** *darts*
[3] **cerbatanas** *blow guns*
[4] **derribados** tumbados, tirados al suelo (*knocked down*)
[5] **esquema** programa
[6] **contrapone** opone, no está de acuerdo
[7] **lesionarlos** herirlos

V Ejercicios

A. Comprendamos. Selecciona la mejor respuesta para completar cada frase.

1. Según el artículo, el programa para cazar sin matar al animal _____.

   a. es parte de una tradición

   b. es algo nuevo en el mundo del deporte de la cacería

   c. es aceptado por todos

   d. no presenta problemas humanitarios

2. Según el contexto de la primera frase, el significado más probable de "torneo" es _____.

   a. competencia

   b. cariño

c. lágrima

d. pena

3. Según este nuevo programa el animal _____.

    a. no se muere; recibirá un tranquilizante

    b. será matado de una forma más humanitaria

    c. tendrá más oportunidad de escaparse

    d. no va a sufrir de ninguna manera

4. Según el artículo, el propósito de este programa es _____.

    a. ser menos cruel con los animales

    b. atraer a más cazadores

    c. atraer a más personas a la competencia

    d. evitar protestas

5. En el segundo párrafo, el significado más probable de "vocero" es _____.

    a. enemigo

    b. veterinario

    c. persona que habla como representante de una organización

    d. cazador

6. La Asociación Nacional del Rifle, la Alianza de Deportistas y la organización de Personas por el Tratamiento Ético a los Animales (PETA) son tres entidades muy diferentes. Lo que todas tienen en común es la opinión acerca de que _____.

    a. es inmoral matar a un animal

    b. se debe matar a los animales de una forma humanitaria

    c. el uso de dardos tranquilizadores en la cacería es una idea mala

    d. atraer a más espectadores al deporte de cacería es una buena idea

B. Charlemos

1. ¿Qué piensas de la cacería como deporte?

2. ¿Qué piensas del programa que utiliza los dardos tranquilizadores en lugar de balas? ¿Con qué persona o grupo mencionado estás más de acuerdo?

3. ¿Cuál es tu opinión con respecto a los derechos de los animales? ¿Se puede justificar el uso de animales para la diversión o el bienestar de los seres humanos? ¿Por qué? Explica tu respuesta.

4. ¿Cuál es tu opinión con respecto a los siguientes asuntos?
   a. las corridas de toros
   b. el uso de animales para experimentos científicos
   c. criar (*to raise*) y matar a animales para comernos su carne
   d. el uso de abrigos de pieles de animales
   e. la eutanasia (la práctica de matar sin sufrimiento) de animales en refugios (*shelters*)

5. En los Estados Unidos mucha gente come carne de res (de vacas) pero siente repulsión o disgusto ante la idea de comer carne de caballo, de perro, o de gato como se come en otras partes del mundo. ¿Te parece ilógica esta reacción? Explica tu respuesta.

C. Escribamos

1. Escribe una carta al editor de un periódico expresando tus opiniones sobre cualquier aspecto del artículo o sobre los derechos de los animales.

2. Escribe una carta a tu representante en el Congreso proponiendo leyes con respecto al tratamiento de los animales. Puedes proponer leyes que apoyen los derechos de los cazadores o leyes que limiten o prohíban la cacería.

3. Escribe un poema o cuento sobre los derechos de los animales.

D. Actividades

1. Con los compañeros de clase presenta un debate sobre uno de los asuntos mencionados en **Charlemos** #4.

2. Con un compañero de clase presenta una escena de una primera cita entre dos personas. Se descubre que una persona es gran aficionada a los animales y tiene varios perros, gatos u otros animales. La otra persona es cazador/a y no tiene ninguna relación personal con los animales.

Capítulo 17

Gracias a la vida

VIOLETA PARRA

I Vocabulario

agitar (1) conmover o intranquilizar. El gol en el último momento del partido de fútbol **agitó** a los espectadores. (2) mover algo de un lado para otro. No debes **agitar** la botella de Coca Cola®.

agradecer expresar o sentir gratitud. Yo te **agradezco** el favor que me has hecho.

agradecido se aplica a la persona que siente o expresa gratitud. Lois Lane estaba muy **agradecida** cuando el Superhombre le salvó la vida.

apreciar tener estima por alguien o algo, darse cuenta del valor. **Aprecio** a mi profesor de español por su dedicación al enseñarme esta lengua maravillosa.

aprecio estimación, cariño; el resultado de apreciar. El aplauso de los espectadores es un indicio de su **aprecio** por el actor.

bendición palabras que se usan para invocar la protección divina; algo beneficioso. En Roma, el Papa (Pope) les da una **bendición** a todos los seres

humanos. La salud es la **bendición** más importante del ser humano.

canto acción de cantar, algo que se canta, una canción, un poema. Muchos **cantos** del poeta pablo Neruda celebran la belleza de Matilde, su esposa.

capaz se aplica a una persona que puede hacer algo. Mi amigo es **capaz** de hablar tres lenguas.

capacidad habilidad, aptitud, poder, la cualidad de ser capaz. El Superhombre tiene la **capacidad** de ver cosas a través de una pared.

cerebro el órgano de la cabeza que nos permite pensar; la inteligencia. Albert Einstein es famoso por la gran capacidad de su **cerebro**.

dicha felicidad, alegría. La madre sintió una gran **dicha** cuando vio a su bebé por primera vez.

dichoso/a feliz, afortunado. Me siento muy **dichosa** por tenerte como amigo.

distinguir observar o ver las diferencias entre dos o más cosas. Una persona ética puede **distinguir** entre lo bueno y lo malo, y opta por lo bueno.

fondo la parte más profunda o la parte de abajo de una concavidad (*depth, botton, back, rear*). Ella es una persona muy sincera y emocional; sus emociones vienen del **fondo** de su alma.

oído sentido con el que percibimos los sonidos, el sentido de oír. Es importante proteger su **oído**; no escuche la música alta.

propio/a define a una posesión de cierta persona. Tengo mi **propia** computadora, no necesito la tuya.

solidaridad relación entre personas que se apoyan y se ayudan. Muchas veces hay gran **solidaridad** entre la gente después de una tragedia.

tierno/a cariñoso, dulce, amable. El padre es muy **tierno** con su hijo.

II Ejercicios de vocabulario

A. Preguntas

1. ¿Qué problema o situación agita a los jóvenes de hoy?

2. ¿Cuáles son las grandes dichas de tu vida?

3. ¿Cuál es un ejemplo de la solidaridad entre los alumnos de tu escuela?

4. ¿Quién tiene el cerebro más impresionante de la gente que conoces?

5. ¿Cuál es tu canto favorito?

6. ¿Qué evento te ha llegado hasta el fondo de tu corazón?

7. A veces, ¿no puedes distinguir entre un sueño y la realidad? Describe un sueño que te pareció real.

8. ¿En qué películas es difícil distinguir entre lo real y lo irreal?

B. Escribe la letra de la palabra que corresponde.

1. _____ tierno
2. _____ distinguir
3. _____ bendición
4. _____ solidaridad
5. _____ canto
6. _____ ser capaz
7. _____ agradecer

a. decir "gracias"
b. una cosa muy buena, tal vez divina
c. no dejar tranquilo
d. cariñoso
e. lo que usas en la actividad mental
f. cuando todos se unen, se juntan
g. algo lindo para escuchar
h. observar la diferencia entre dos cosas
i. muy contento
j. poder hacer algo

8. _____ dichoso

9. _____ cerebro

10. _____ agitar

C. Completa la frase.

1. La noticia más interesante que ha llegado a mis oídos esta semana es _____

2. Estoy agradecido/a porque tengo mi propio/a _____

3. Mis padres están agradecidos cuando yo _____

4. El canto favorito de mis padres es _____

5. Según mi madre o mi padre, la bendición que debemos apreciar más es _____

6. En nuestra escuela estamos dichosos porque _____

D. Escribe una frase original.

1. propio _____

2. agradecer _____

3. apreciar _____

4. fondo _____

5. distinguir _____

E. Explica. Vas a explicar las ideas que siguen a alguien que sólo habla español Trata de utilizar algunas palabras del vocabulario de este capítulo pero recuerda que es más importante expresar las ideas que usar el vocabulario. ¡Lo más importante es comunicar! No debes traducir palabra por palabra.

1. People should stick together during tough times. _____

2. There is much happiness when you appreciate what you have. _____

3. Stop complaining and remember to count your blessings. _____

4. Strange creatures live at the bottom of the sea. _____

_____

_____

III Antes de leer

1. Quejarse es un defecto frecuente del ser humano. Raras veces nos paramos para pensar en las muchas bendiciones que la vida nos ha dado. ¿Estás de acuerdo? ¿Por qué es tan común quejarnos? ¿Das gracias por tus bendiciones?

2. ¿Es verdad que no apreciamos lo que tenemos hasta perderlo? ¿Puedes dar ejemplos?

IV Lectura

Violeta Parra (1917–1967) era una poetisa chilena de mucho talento musical, artístico y literario. El poema de Parra que sigue es la versión editada por Joan Baez, una cantante norteamericana de los sesenta. Joan Baez convirtió el poema Gracias a la vida *de Parra en una canción que llegó a ser famosa en los Estados Unidos.*

GRACIAS A LA VIDA

Gracias a la vida que me ha dado tanto.
Me dio dos luceros[1], que cuando los abro
perfecto distingo lo negro del blanco,
y en el alto cielo su fondo estrellado[2]
y en las multitudes[3] al hombre que yo amo.

Gracias a la vida que me ha dado tanto.
Me ha dado el oído, que en todo su ancho
Graba[4] noche y día grillos[5] y canarios;
Martillos[6], turbinas[7], ladridos[8], chubascos[9],
y la voz tan tierna de mi bienamado.

Gracias a la vida que me ha dado tanto.
Me ha dado el sonido y el abecedario[10],
con él las palabras que pienso y declaro,
madre, amigo, hermano y luz alumbrando[11]
la ruta del alma del que estoy amando.

Gracias a la vida que me ha dado tanto.
Me ha dado la marcha de mis pies cansados,
con ellos anduve ciudades y charcos[12],
playas y desiertos, montañas y llanos
y la casa tuya, tu calle y tu patio.

Gracias a la vida que me ha dado tanto.
Me dio el corazón que agita su marco[13]
cuando miro el fruto del cerebro humano,
cuando miro al bueno tan lejos del malo,
cuando miro el fondo de tus ojos claros.

[1] **luceros** ojos grandes
[2] **estrellado** lleno de estrellas (*stars*)
[3] **multitudes** gran número de personas
[4] **graba** guardar sonidos en un disco o cinta (*record*)
[5] **grillos** insectos que hacen sonidos con sus patas de atrás (*crickets*)
[6] **martillos** *hammers*
[7] **turbinas** motores
[8] **ladridos** los sonidos que hacen los perros
[9] **chubascos** una lluvia con mucho viento
[10] **abecedario** alfabeto
[11] **alumbrando** dando luz, iluminando, brillando
[12] **charcos** agua en una cavidad del terreno (*puddles*)
[13] **marco** *surrounding frame*

> Gracias a la vida que me ha dado tanto.
> Me ha dado la risa y me ha dado el llanto,
> así yo distingo dicha de quebranto[14],
> los dos materiales que forman mi canto,
> y el canto de ustedes que es el mismo canto
> y el canto de todos que es mi propio canto.

[14]**quebranto** pérdida, daño, dolor, pena; literalmente la acción de romper con violencia

V Ejercicios

A. Comprendamos. Selecciona la mejor respuesta para completar cada frase.

1. En la primera estrofa la poetisa está agradecida por todo lo siguiente MENOS _____.
   a. la capacidad de ver
   b. un elemento de la naturaleza
   c. la capacidad de viajar
   d. una persona que ella quiere

2. En la segunda estrofa la poetisa incluye referencias a sonidos _____.
   a. humanos y mecánicos
   b. naturales y humanos
   c. de animales y de la naturaleza
   d. de la naturaleza, de máquinas, del ser humano y de animales

3. En la tercera línea de la tercera estrofa, "él" se refiere al _____.
   a. hombre que la poetisa ama
   b. poema
   c. lector
   d. abecedario, o la capacidad de utilizar la lengua

4. La frase "mis pies cansados" en la cuarta estrofa implica que _____.
   a. la poetisa se queja de la vida
   b. el viaje por la vida no es siempre fácil pero sin embargo ella lo aprecia
   c. la poetisa no quiere viajar más
   d. la poetisa necesita comprar zapatos más cómodos

5. En la quinta estrofa, el "corazón que agita su marco" significa
   que _____.
   a. el corazón de la poetisa late (*beats*) con más fuerza reaccionando
      a las maravillas alrededor de ella
   b. la poetisa se siente enferma
   c. la poetisa se siente vieja cuando piensa en su vida
   d. la poetisa ya no está enamorada

6. El uso de "ustedes" en la última estrofa se refiere a _____.
   a. los amigos de la poetisa
   b. nosotros, los lectores
   c. otros poetas
   d. cantantes famosos

7. En las últimas dos líneas del poema, la poetisa expresa la idea
   de _____.
   a. la unión o solidaridad de todos los seres humanos.
   b. la alegría de cantar
   c. la alegría de escribir poemas
   d. que todos deben cantar juntos

B. Charlemos

1. Comenta los diferentes tipos de bendiciones que disfruta la poetisa.
   ¿Qué capacidades físicas menciona ella?

2. ¿Por qué estás agradecido/a tú? ¿Cuáles son tus bendiciones más importantes?

3. Si hemos tenido dolor de rodilla, después, cuando podemos andar o
   correr sin tener dolor, nos sentimos muy agradecidos. ¿Has experimentado placeres y gratitud después de recuperarte de una situación
   penosa (de mucha pena o dolor)?

4. En la última estrofa del poema se habla de la solidaridad entre los seres
   humanos, y las cosas que todos tenemos en común. ¿Cuáles son las
   necesidades, los deseos y las inquietudes comunes del ser humano? La
   solidaridad se puede definir como la cooperación o el apoyo entre los
   seres humanos. ¿Has encontrado ejemplos de la solidaridad humana
   en tu vida personal o en el mundo?

C. Escribamos

1. Escribe tu propio poema con el título *Gracias a la vida*.

2. Como es parte de la naturaleza humana quejarse, escribe otro poema quejándote de los problemas o penas de la vida actual. Puedes utilizar *Gracias a la vida* de una manera sarcástica o puedes inventar otro título.

3. Escribe una lista titulada "Estoy agradecido/a por . . .".

D. Actividades

1. Encuentra una grabación de la canción de Joan Baez *Gracias a la vida* y escúchala. ¿Qué piensas de la canción?

2. La poetisa menciona los "quebrantos" o desgracias de su vida. Sin embargo se enfoca en las dichas y beneficios, y el tono del poema es claramente optimista. Con un compañero de clase presenta un diálogo entre un optimista y un pesimista (pueden ser amigos, novios, etc.). El diálogo puede ser gracioso o serio.

Capítulo 18

La fea más bella

DE LA REVISTA *FAMA*

I Vocabulario

apuros problemas, dificultades. Mi tío tuvo **apuros** económicos cuando perdió mucho dinero en Las Vegas.

chisme información, rumor, muchas veces falsa, que se repite y que puede hacerle daño a otra persona. Según los **chismes**, dos actores famosos van a divorciarse antes de fin de año.

desventaja circunstancia o situación no favorable. La vida en la ciudad tiene la **desventaja** de ser muy cara; todo cuesta más que en el campo.

estereotipo idea simplificada sobre cierto grupo de personas. El **estereotipo** acerca de que las rubias son bobas es muy injusto.

estimar apreciar, valorar, respetar. **Estimo** mucho la literatura de Isabel Allende; me parece una escritora excelente.

estorbo obstáculo, dificultad. Mi amiga quería estar sola con su novio y me fui porque no quería ser un **estorbo**.

llamativo/a que llama la atención. Muchas personas miran a Madonna porque se viste de una manera **llamativa**.

mensaje comunicación hablada o escrita. Yo le mandé a mi amiga un **mensaje** por correo electrónico informándole de la hora que iba a llegar.

peso fuerza de gravitación sobre un objeto (*weight*). Muchas se ponen a dieta cuando quieren perder **peso**.

ponerse cambiar de condición o estado, muchas veces de una forma emocional o física. Mi padre **se puso** nervioso porque llegué muy tarde y no le avisé antes.

rescatar recuperar o redimir algo; librar de un peligro. El Superhombre siempre **rescata** a Lois Lane cuando ella se encuentra en apuros con los malvados.

subestimar estimar o apreciar algo o a alguien menos de lo que se debe. Mi amiga es muy inteligente pero siempre se **subestima** y cree que su trabajo es inferior.

suerte fortuna, circunstancia positiva que ocurre por azar. Pedro tiene buena **suerte**; ha ganado la lotería tres veces.

telenovela programa de televisión que se presenta por capítulos, muchas veces uno por día. Mi amiga nunca sale a la una de la tarde porque no se quiere perder su **telenovela** favorita, "Todos mis hijos".

tímido/a se aplica a alguien con problemas para relacionarse con otras personas por falta de confianza en sí mismo. El niño **tímido** siempre come solo en la cafetería, no se ha hecho amigo de los otros alumnos.

trama hechos principales de una novela, película o programa de televisión. La **trama** de una telenovela puede ser muy compleja y absurda.

ventaja beneficio, circunstancia favorable (el contrario de una desventaja). Ser alto es una **ventaja** enorme si uno quiere jugar al baloncesto.

II Ejercicios de vocabulario

A. Preguntas

1. ¿Qué hacen muchas personas para perder peso?

2. ¿Crees que nuestra sociedad se preocupa demasiado por perder peso? ¿Por qué?

3. ¿Qué consideras un estorbo cuando tienes que estudíar?

4. ¿Cuáles son las grandes ventajas de la tecnología moderna? ¿Cuáles son las desventajas?

5. ¿Cuáles son las consecuencias de vestirse de una manera llamativa?

6. ¿Cuántos mensajes recibes por correo electrónico al día?

7. ¿Conoces a personas adictas a las telenovelas? ¿Cómo son?

8. Da un ejemplo de alguien que ha tenido buena suerte. Da un ejemplo de alguien que ha tenido mala suerte.

9. ¿A quién estimas mucho? ¿Por qué?

10. ¿Se oyen muchos chismes en tu escuela? ¿Por qué hay tanto interés en los chismes?

11. ¿Cuál es un ejemplo de un estereotipo de las mujeres?, ¿de los hombres?

B. Escribe la letra de la palabra que corresponde.

1. _____ estereotipo

2. _____ subestimarse

3. _____ ventaja

4. _____ estorbo

5. _____ peso

6. _____ llamativo

7. _____ chisme

8. _____ mensaje

9. _____ tímido

10. _____ trama

a. algo que no te permite hacer lo que quieres

b. puede ser una mentira

c. lo que aumenta cuando comes mucho

d. una generalización

e. al que no le gusta llamar la atención

f. no apreciarse bastante

g. algo importante que tienes que comunicar

h. situación favorable

i. lo que pasa en una novela

j. algo que hace que la gente te mire

C. Completa la frase.

1. Cuando quiero dormir, un gran estorbo es _____

2. Siempre me meto en apuros cuando _____

3. Una persona tímida nunca quiere _____

4. Me pongo nervioso/a cuando _____

5. Prefiero novelas con una trama _____

6. Mi amigo se metió en apuros cuando _____

7. Me estimo a mí mismo/a porque _____

8. Los chismes les hacen daño a muchas personas porque _____

_____

D. Escribe una frase original.

1. meterse en apuros _____

2. tener suerte _____

3. ponerse _____

4. estorbo _____

5. desventaja _____

E. Explica. Vas a comunicar las ideas que siguen a alguien que sólo habla español. Trata de utilizar algunas palabras del vocabulario de este capítulo pero recuerda que es más importante expresar las ideas que usar el vocabulario.

¡Lo más importante es comunicar! No debes traducir palabra por palabra.

1. I don't want to stand in the way of your happiness. _____

_____

2. He was always getting in trouble at school. _____

_____

3. She attracts a lot of attention by the way she dresses. _____

_____

4. They are not aware of how much gossip can hurt. _____

_____

III Antes de leer

1. ¿Has visto una telenovela? ¿Cómo es la trama típica de una telenovela? ¿Cómo son los personajes?
2. Comenta los valores de nuestra sociedad con respecto a la apariencia física. ¿Te parece que a veces hay prejuicios contra personas basados en la apariencia?
3. ¿Qué estereotipos se presentan de las personas intelectuales en las películas y en los programas de la televisión?

IV Lectura

La fea más bella *es una telenovela mexicana que ha logrado un éxito enorme y ha llegado a ser el programa más popular de México. El concepto del programa se originó en Colombia con* Betty la fea, *que alcanzó fama mundial, y también ha inspirado una versión en inglés en los Estados Unidos.*

La protagonista, Leticia Padilla Solís, cuyos amigos la llaman Lety, es una joven muy inteligente, de clase media. Después de graduarse de la universidad, con honores en el campo de la Economía, ella busca un empleo. Lety no es de las más bonitas, lleva gafas[1] muy

[1]**gafas** algo que se lleva en los ojos para ver mejor

gruesas, frenos², y además sus padres, que son muy estrictos, no le permiten vestirse de una manera llamativa. Su apariencia parece ser un estorbo para conseguir un empleo. Pero esta desventaja se convierte en ventaja cuando Lety llega a Conceptos un canal de televisión. El jefe de Conceptos, Fernando Mendiola, emplea a Lety como su asistente personal porque Marcia, la novia de Fernando, tiene celos e insiste en que él emplee a una mujer fea, una mujer con quien su novio no quiera flirtear. Después, cuando el negocio lestá en apuros, Fernando vende Conceptos a Lety para evitar pagarle al banco lo que él le debe. Fernando finge enamorarse de Lety para proteger su negocio, pero después se enamora de ella de verdad.

Esta telenovela es muy diferente de las otras. Nos revela el mundo superficial de la televisión y de nuestra sociedad. También nos enseña cómo una mujer con ética, una mujer decente, sobrevive en este ambiente superficial.

Lo que sigue es de un artículo sobre Angélica Vale, la actriz que hace el papel de Lety en "La fea más bella".

²**frenos** estructura de metal que se pone en los dientes de los jóvenes

---

ANGÉLICA VALE, DE LA REVISTA *FAMA*

Angélica asegura que desde niña supo que nunca sería el prototipo³ de "fashion model" (altísima, rubia, de ojos azules, delgada), pero que siempre tuvo plena confianza en el viejo dicho de "verbo mata carita"⁴.

A veces, debido al hecho de su propensión⁵ a ponerse redondita, ha tenido que escuchar mentiras y chismes, inclusive. Como cuando se dijo, por ejemplo, que Aracely Arámbula [*otra actriz*] le quitó el protagónico⁶ de "Las vías del amor" por cuestión "de peso".

---

³**prototipo** modelo original, buen ejemplo
⁴**verbo mata carita** lo que dices o haces es más importante que una cara bonita
⁵**propensión** inclinación, tendencia
⁶**protagónico** el papel de protagonista o personaje principal en una película o programa.

"Tengo que recordar que subí un poco de peso, por entonces, y lo admití, por culpa de unos momentos difíciles que atravesaba, pero esa telenovela siempre estuvo pensada para Aracely". Ahora, cuando ha saltado al éxito mundial con su papel de Lety en *La fea más bella*, agradece al cielo el no tener tipo de modelo, de lo contrario Rosy Ocampo nunca le hubiera dado el personaje. La chica tímida, ingenua[7], soñadora, afectuosa, encantadora y muy inteligente, pero con el gran defecto de ser fea, aunque esto no la limita para luchar por lo que quiere. En el trabajo: leal[8], preparada, organizada y emprendedora[9].

En ocasiones me he mirado al espejo y me he visto fea, muchas veces. Pero es algo que nos pasa a todas. Hasta Salma Hayek y Penélope Cruz se habían sentido feas algunos días. Es lógico porque la televisión dicta el estereotipo de la güera[10] flaquísima, pero estoy segura de que la belleza radica también en la actitud. No hay que subestimarse . . . Eso te puede ayudar en tu trabajo, por ejemplo, sobre todo en esta profesión o en todas las que tengan contacto con el público. Yo no soy el prototipo de mujer guapísima, pero he corrido con mucha suerte. Las oportunidades han sido mejores que ser la güerita de ojo azul.

"Nunca he sido ninguna modelo, pero yo sabía que si luchaba y hacía todo lo que he hecho los últimos veintisiete años, me llegaría una oportunidad grandiosa; hoy la tengo, porque Lety me ha enseñado a valorarme[11] como mujer, y espero que el mismo mensaje pueda llegarles a otras mujeres . . . Lety sabe cómo reaccionar, además de conservar sus valores morales. Creo que en México todavía podemos presumir[12] de tenerlos, y este personaje es un claro ejemplo de esos valores que tenemos que rescatar[13]".

---

[7]**ingenua** inocente, sin malicia, capaz de creer fácilmente lo que uno le dice

[8]**leal** se dice de una persona noble, incapaz de hacerle daño a un amigo

[9]**emprendedora** una persona capaz de tener iniciativa en los negocios

[10]**güera** una mujer rubia, de pelo rubio

[11]**valorarme** estimarme

[12]**presumir** jactarnos (*to boast about*)

[13]**rescatar** librar de un peligro, proteger

V Ejercicios

A. Comprendamos. Selecciona la mejor respuesta para completar la frase.

1. La idea de una telenovela con una protagonista fea empezó en _____.
   a. México
   b. los Estados Unidos
   c. Colombia
   d. la mente de Angélica Vale

2. Según la introducción al artículo, cuando una persona busca empleo, por lo general ser guapa es _____.
   a. un estorbo
   b. una ventaja
   c. una desventaja
   d. una necesidad

3. Según el contexto del segundo párrafo, el significado más probable de "redondita" es _____.
   a. un poquito flaca
   b. fea
   c. un poquito gorda
   d. bella

4. Según el contexto del artículo, "Las vías del amor" es probablemente el título de _____.
   a. un libro
   b. una película
   c. una revista
   d. otra telenovela

5. El segundo párrafo se refiere a chismes sobre la vida pasada de Angélica. Según estos chismes, antes de hacer el papel de Lety, Angélica _____.
   a. perdió un papel en otra telenovela al competir con una actriz más flaca
   b. era más gorda
   c. era la protagonista en otra telenovela
   d. perdió peso

6. Angélica "agradece al cielo el no tener tipo de modelo" porque _____.

    a. ella puede luchar por sus valores

    b. si fuera bella como una modelo no podría hacer el papel de Lety

    c. si fuera modelo no sería actriz

    d. no quiere competir con Aracely

7. En el artículo se entiende que la imagen que tenemos de nosotros mismos _____.

    a. define quiénes somos

    b. no es siempre igual

    c. es siempre la misma

    d. no depende de los estereotipos

8. Según Angélica, el verdadero valor de Lety es que el personaje _____.

    a. enseña conceptos éticos

    b. le ha dado un éxito económico

    c. ha inspirado otras telenovelas

    d. es muy divertido

B. Charlemos

1. ¿Qué piensas de las telenovelas? ¿Te parecen divertidas?, ¿tontas? ¿Por qué son tan populares?

2. ¿Qué tiene en común *La fea más bella* con otras telenovelas? ¿En qué es diferente? ¿Qué valores se reflejan en *La fea más bella*?

3. Angélica dice que "la televisión dicta el estereotipo" de la rubia flaca como el ideal de la belleza. ¿Estás de acuerdo? ¿Cómo afectan las imágenes de la televisión, películas y revistas a nuestra autoestima? ¿Cómo afectan estos estereotipos a nuestras actitudes con respecto a:
    a. gente guapa?
    b. gente rica?
    c. los intelectuales?
    d. gente de varias culturas o grupos étnicos?

4. En los programas de televisión de los años cincuenta, como *Leave it to Beaver* y *Happy Days,* la única imagen que se veía era la de familias perfectas. Por ejemplo, cuando el padre volvía de la oficina la madre cocinaba y los hijos parecían no tener problemas muy graves. Los africanos americanos o latinos casi nunca se veían o se veían en trabajos estereotípicos. ¿Puedes imaginarte el efecto de estos estereoti-

pos en la sociedad? ¿Cómo son las imágenes de hoy? ¿Qué programas de televisión reflejan los valores o estereotipos de hoy?

5. Lety, una mujer trabajadora y de gran capacidad intelectual, tuvo dificultades para conseguir un empleo a causa de su apariencia. ¿Te parece realista?

6. ¿Qué te parece Angélica? ¿Qué valores expresa ella? ¿Cómo es su autoestima?

7. Algunos basan su autoestima en su apariencia. ¿En qué otros factores se basa la autoestima? Comenta la validez de las diferentes clases de factores. ¿En qué se basa la autoestima en un mundo ideal?

C. Escribamos

1. Las tramas de las telenovelas muchas veces son absurdas. Escribe tu propio título y resumen de la trama de una telenovela original.

2. Escribe una carta al editor de un periódico quejándote de las prácticas injustas que discriminan a uno por su apariencia a la hora de buscar un empleo.

3. Explica en español el significado social de las palabras que siguen:
   a. nerd
   b. dumb blond
   c. eye candy
   d. boy toy
   e. hottie
   f. trophy wife
   g. book worm

4. Escribe tu opinión de los estereotipos mencionados en #3. ¿Crees que estos términos son ofensivos y que no debemos utilizarlos?

D. Actividades

1. En grupos de cinco personas, selecciona personajes típicos de telenovelas y escribe un diálogo entre ellos. Presenten esta escena en clase.

2. Con uno o dos compañeros de clase, presenta una sátira de un comercial que se enfoque en la imagen del producto y no en su valor práctico.

Capítulo 19

Niebla

MIGUEL DE UNAMUNO

I Vocabulario

acabar de terminar de, haber ocurrido poco antes. Ustedes **acaban de** leer la definición de "acabar de".

adivinar formar una opinión sin estar seguro, sin tener evidencia; descubrir cosas por intuición. ¿Puedes **adivinar** en qué número estoy pensando?

amenazar presentar un peligro, decir a otros que les harás daño. El terrorismo **amenaza** a todos los países del mundo.

bravo/a muy enojado. El niño no le habló a su padre con respeto y el padre se puso **bravo**.

confundir dejar confuso a alguien, causar confusión. Los jóvenes hablan en su propia lengua que los adultos no entienden. Sus palabras **confunden** a los adultos.

confundirse estar confundido. Cuando volví al barrio de mi amigo **me confundí** porque todas las casas eran iguales.

crear producir algo nuevo que no existía antes. El Doctor Frankenstein **creó** un monstruo utilizando partes de varios cuerpos.

criatura un ser vivo, ser humano, niño, bebé. Mi hermana ha tenido una **criatura**, y me alegro de ser tía.

desgracia mala suerte, accidente, desdicha. La gente de New Orleans sufrió muchas **desgracias** a causa del huracán Katrina.

despertarse (ie) dejar de dormir. Mi papá siempre **se despierta** a las seis de la mañana.

despierto/a lo contrario de dormido. Me quedé **despierta** toda la noche porque estaba preocupada por el examen.

engañar mentir; hacer creer lo que no es verdad. El Grinch **engañó** a los "Quienes" cuando fingió ser el Papá Noel.

faltar no haber algo que una persona necesita, se refiere a algo que no está. Elena no cree que pueda tener éxito en la vida porque le **falta** la autoestima. Me **faltan** dos libros que no tengo para poder acabar el trabajo. **¡eso más faltaba!** / **¡Sólo me faltaba eso!** frase que indica frustración a causa de una serie continuada de desgracias. El Sr. Martínez perdió su empleo y su auto dejó de funcionar en la misma semana. Cuando vio a su hija flirteando con un chico de mala reputación, dijo "¡**Sólo me faltaba eso!**"

olvidar no tener algo en la memoria; el contrario de recordar. Nunca nos **olvidamos** del primer amor.

relatar contar algo (una historia, un cuento, etc.). Después de volver de la guerra, el soldado **relató** las desgracias y el sufrimiento que él había visto.

relato un cuento o una historia. Las novelas de *Harry Potter* incluyen los **relatos** de lo que le pasó al héroe en la Academia de Hogwartz.

temer tener miedo de. Los niños siempre **temen** que haya monstruos debajo de la cama.

valor valentía, característica de no tener miedo. Celebramos el **valor** de los hombres que ponen sus vidas en peligro para rescatar a otros.

II Ejercicios de vocabulario

A. Preguntas

1. ¿Sobre qué telenovela acaban ustedes de leer en el Capítulo 18?
2. ¿De qué cosa importante te has olvidado?
3. ¿Has engañado a alguien? ¿Cuándo y cómo?
4. ¿Qué te falta para ser totalmente feliz?
5. ¿Cuál es un buen ejemplo de valor?
6. ¿Quién puede relatar cuentos fantásticos?
7. ¿Puedes adivinar las respuestas correctas en un examen de selección múltiple?
8. ¿De qué no quieres olvidarte nunca?
9. ¿Cuál es el mayor peligro que nos amenaza hoy?

B. Escribe la letra de la palabra que corresponde.

1. _____ crear
2. _____ temer
3. _____ engañar
4. _____ olvidar
5. _____ faltar
6. _____ valor
7. _____ desgracia
8. _____ relato
9. _____ criatura
10. _____ confundirse

a. lo que pasa cuando no tienes suerte
b. un ser que nace
c. el contrario de destruir
d. estar equivocado
e. tener miedo
f. historia
g. no acordarse dc
h. no tener bastante
i. tener éxito al fingir
j. falta de miedo

C. Completa la frase.

1. Estuve en apuros cuando me olvidé de _____

2. Mi madre dijo "¡Sólo me faltaba eso!" cuando _____

3. Me puse bravo/a cuando _____

4. Mis padres nunca se olvidan del día _____

5. Me confundí mucho cuando _____

6. La peor desgracia de la época moderna es _____

D. Escribe una frase original.

1. acabar de _____

2. confundirse _____

3. despertarse _____

4. olvidar _____

5. ponerse bravo/a _____

E. Explica. Vas a comunicar las ideas que siguen a alguien que sólo habla español. Trata de utilizar algunas palabras del vocabulario de este capítulo pero recuerda que es más importante expresar las ideas que usar el vocabulario. ¡Lo más importante es comunicar! No debes traducir palabra por palabra.

1. My dad was furious because I got back late last night. _____

_____

2. I'll tell you stories about when I was young. _____

_____

3. Guess who's coming to dinner. _____

_____

4. They say that you can't cheat an honest man. _____

_____

III Antes de leer

1. ¿Has visto alguna película que te ha hecho cuestionar la realidad? ¿Cuál fue y cómo te afectó?

2. ¿Cómo podemos estar seguros de cuál es *la realidad*? ¿Es posible que todo sea un sueño o una realidad creada por computadora, como en *The Matrix*? ¿Has pensado en la idea de que todos seamos personajes de una novela?

IV Lectura

Miguel de Unamuno (1864–1936) era un genio literario con muchos talentos: novelista, poeta, ensayista, dramaturgo, filósofo y profesor en la Universidad de Salamanca. Niebla, *escrita en 1914, es una novela en la que se cuestiona la naturaleza de la realidad y de la identidad del ser humano.*

Augusto Pérez, el protagonista (personaje principal) de Niebla, *es un hombre bueno, intelectual y rico, pero sin mucha ambición en la vida. Anda por las calles buscándose a sí mismo y cuestionando el significado de su vida. Todo cambia cuando ve a Eugenia por primera vez y se enamora de ella. No le importa que ella tenga un novio; por lo menos Augusto tiene un propósito y siente emociones fuertes. Por fin Eugenia finge estar enamorada de Augusto con el fin de conseguir un buen empleo para su verdadero novio. Ella engaña a Augusto, y después se va, dejándolo con el corazón hecho pedazos, muy deprimido, y pensando en suicidarse. Pero, como Augusto es un hombre muy cerebral, se acuerda de un ensayo[1] sobre el suicidio, escrito por un autor que se llama Miguel de Unamuno, que Augusto había leído hace muchos años. El pobre Augusto decide viajar a Salamanca para consultar con Unamuno antes de suicidarse. Al llegar a la oficina de Unamuno, ¡qué susto! Augusto le empieza a hablar sobre el motivo de su visita, y Unamuno lo interrumpe, diciéndole que ya sabe la razón. Unamuno le revela a Augusto que ya sabe todos los secretos más profundos de su alma. Augusto se queda confundido y asustado. Lo que sigue es una selección del*

[1]**ensayo** obra escrita (*essay*)

diálogo entre Unamuno y Augusto. ¡Qué extraño! Es una conversación entre Unamuno, el autor, y Augusto, el personaje que Unamuno ha creado en su novela Niebla. *Nota que la voz en primera persona (yo) es la voz de Unamuno. El que habla primero es Augusto.*

NIEBLA (SELECCIÓN)

—¡Parece mentira! -repetía—¡parece mentira! . . . No sé si estoy despierto o soñando . . .

—Ni despierto ni soñando—le contesté.

—No me lo explico . . . no me lo explico—añadió; . . . usted parece saber sobre mí tanto como sé yo mismo, acaso adivine mi propósito . . .

—Sí—le dije—tú . . . tú, abrumado[2] por tus desgracias, has concebido la diabólica idea de suicidarte, y antes de hacerlo, movido por algo que has leído en uno de mis últimos ensayos, vienes a consultármelo.

Augusto temblaba y trató de levantarse pero no podía. Unamuno seguía hablando en un tono autoritario.

—Es que tú no puedes suicidarte, aunque lo quieras.

—¿Cómo?—exclamó . . .

—Sí. Para que uno se pueda matar a sí mismo, ¿qué es menester[3]?—le pregunté.

—Que tenga valor para hacerlo—me contestó.

—No—le dije—, ¡que esté vivo!

—¡Desde luego!

—¡Y tú no estás vivo!

—¿Cómo que no estoy vivo? ¿es que me he muerto?—y empezó sin darse cuenta de lo que hacía, a palparse[4] a sí mismo.

—¡No, hombre, no!—le repliqué—. Te dije antes que no estabas ni despierto ni dormido, y ahora te digo que no estás ni muerto ni vivo.

—¡Acabe usted de explicarse de una vez, por Dios! ¡acabe de explicarse!—me suplicó[5] . . . , porque son tales las cosas que estoy viendo y oyendo esta tarde, que temo volverme loco.

—Pues bien; la verdad es, querido Augusto—le dije con la más dulce de mis voces—, que no puedes matarte porque no estás vivo, y que no estás vivo, ni tampoco muerto, porque no existes.

[2]**abrumado** confundido o preocupado (*overwhelmed*)
[3]**menester** necesario
[4]**palparse** tocarse con los dedos
[5]**suplicó** pidió con insistencia y humildad

—¿Cómo que no existo?—exclamó.

—No, no existes más que como ente de ficción[6]; no eres, pobre Augusto, más que un producto de mi fantasía y de las de aquellos de mis lectores que lean el relato que de tus fingidas venturas y malandanzas he escrito yo; tú no eres más que un personaje de novela . . . Ya sabes, pues, tu secreto.

Augusto se quedó totalmente asustado, pero poco a poco fue re-cobrando[7] sus fuerzas y tomó el control de sí mismo. Por fin miró a Unamuno "con una sonrisa en los ojos" y le dijo:

—Mire usted bien, don Miguel . . . no sea que[8] esté usted equivocado y que ocurra precisamente todo lo contrario de lo que usted cree y me dice.

—Y ¿qué es lo contrario?—le pregunté alarmado de verle recobrar vida propia.

—No sea, mi querido don Miguel—añadió—, que sea usted y no yo el ente de ficción, el que no existe en realidad, ni vivo ni muerto . . . No sea que usted no pase de ser un pretexto[9] para que mi historia llegue al mundo . . .

—¡Eso más faltaba!—exclamé algo molesto.

—No se exalte[10] usted así, señor de Unamuno—me replicó—, tenga calma. Usted ha manifestado dudas sobre mi existencia . . .

—Dudas no—le interrumpí—; certeza absoluta de que tú no existes fuera de mi producción novelesca.

—Bueno, pues no se incomode[11] tanto si yo a mi vez dudo de la existencia de usted y no de la mía propia . . . ¿no ha sido usted el que no una sino varias veces ha dicho que Don Quijote y Sancho son no ya tan reales, sino más reales que Cervantes?

[6] **ente de ficción** un personaje, alguien que sólo existe en una novela
[7] **recobrando** logrando tener algo que habías perdido
[8] **no sea que** no es posible que (*is it not posible that*)
[9] **pretexto** excusa, motivo
[10] **No se exalte** No se ponga excitado
[11] **No se incomode** No se ponga incómodo o molesto

Unamuno y Augusto siguen debatiendo, y discuten los puntos siguientes:

- *Según Augusto, cuando Unamuno tiene esta discusión con él, Unamuno está reconociendo que Augusto tiene su propia existencia, independiente del autor.*
- *Unamuno dice que él puede controlar a Augusto, que él puede decidir si Augusto se suicida o no, pero Augusto no está de acuerdo. Según Augusto, un personaje bien escrito tiene su propia lógica interior y no*

puede hacer nada que les parezca imposible a los lectores. Así un autor no tiene control absoluto sobre los personajes que ha inventado.

- *Los dos se ponen bravos y se amenazan el uno al otro con violencia. Unamuno se pone furioso y le dice a Augusto, "¡Morir yo a manos de una de mis criaturas! No tolero más." Y para castigar a Augusto, Unamuno le dice que cuando llegue a casa, Augusto morirá. En este momento, Augusto se da cuenta de que quiere vivir.*

—Es que quiero vivir, don Miguel, quiero vivir, quiero vivir . . .

—¿No pensabas matarte?

—¡Oh, si es por eso, yo le juro, señor de Unamuno, que no me mataré, que no me quitaré esta vida que Dios o usted me ha dado; se lo juro . . . Ahora que usted quiere matarme quiero yo vivir, vivir, vivir . . .

—¡No puede ser, pobre Augusto—le dije . . . Lo tengo ya escrito. . . ; no puedes vivir más. No sé qué hacer ya de ti. Dios, cuando no sabe qué hacer de nosotros, nos mata. Y no se me olvida que pasó por tu mente la idea de matarme.

Ahora Augusto se pone muy bravo y le dice a Unamuno:

—Pues bien, mi señor creador don Miguel, también usted se morirá, también usted, y se volverá a la nada de que salió . . . ¡Dios dejará de soñarle! ¡Se morirá usted, sí, se morirá, aunque no lo quiera; se morirá usted y se morirán todos los que lean mi historia, todos, todos, todos sin quedar uno! ¡Entes de ficción como yo; lo mismo que yo! Se morirán todos, todos. Os lo digo yo, Augusto Pérez, ente ficticio como vosotros.

V Ejercicios

A. Comprendamos. Selecciona la mejor respuesta para completar a frase.

1. Al principio el gran problema de Augusto Pérez es la falta de _____.

   a. inteligencia

   b. un motivo, algo para lograr

   c. dinero

   d. tiempo

2. Eugenia es una mujer _____.
   a. confundida
   b. mentirosa
   c. violenta
   d. agradecida

3. Augusto piensa suicidarse porque Eugenia _____.
   a. no le prestó atención
   b. lo dejó solo
   c. le quitó su dinero
   d. se murió

4. Augusto visita a Unamuno porque quiere _____.
   a. conocer a un autor famoso
   b. su ayuda para suicidarse
   c. venganza contra el autor que lo ha creado
   d. tener una conversación intelectual sobre el suicidio

5. Augusto se asusta mucho porque Unamuno _____.
   a. ya sabe por qué Augusto está allí y también sabe toda la historia de su vida
   b. parece estar muy enojado
   c. le parece bobo
   d. no le parece capaz de escribir novelas

6. Según Unamuno, Augusto no es capaz de suicidarse porque _____.
   a. ya está muerto
   b. no tiene bastante valor
   c. es un personaje de una novela de Unamuno
   d. está dormido

7. Durante la conversación con Unamuno, Augusto _____.
   a. se pone bravo desde el principio
   b. se muestra muy humilde
   c. se da cuenta de que quiere ser autor
   d. empieza tímido y después se pone fuerte

8. Durante su conversación, Unamuno _____.
   a. empieza a sentirse amenazado por su propia criatura
   b. se queda totalmente tranquilo

c. no entiende lo que dice Augusto

d. se burla de su propia novela

9. La referencia a don Quijote y Sancho sugiere que _____.

a. son dos personajes de otra novela de Unamuno

b. son de una novela escrita por Augusto

c. Unamuno había dicho que esos personajes de una novela famosa tienen más realidad que su propio autor

d. Cervantes es otra criatura de Unamuno

10. Al final, Augusto se da cuenta de que quiere vivir porque _____.

a. Unamuno lo amenaza con matarlo

b. su visita a Unamuno lo llena de alegría

c. Eugenia vuelve a su lado

d. no tiene el valor de suicidarse

11. Al final de la selección, lo que dice Augusto es una analogía entre _____.

a. el suicidio y la ficción

b. la relación entre un autor y sus personajes y la relación entre Dios y los seres humanos

c. Augusto y Cervantes

d. la realidad y la ficción

B. Charlemos

1. Augusto anda buscando el significado de la vida. ¿Dónde se encuentra el significado de la vida en tu opinión?, ¿en el amor?, ¿en la familia?, ¿en el placer?, ¿en el trabajo?, ¿en lograr algo de gran importancia?

2. Augusto trata de definir su identidad a través de su amor por Eugenia. ¿En qué te basas para definir tu identidad? ¿Cómo te defines (según tu familia, tu raza, tus logros, etc.)?

3. Si fueras un personaje de ficción, ¿a quién escogerías para que sea tu autor? ¿Qué autor ha creado personalidades como la tuya? ¿Te pareces más a un personaje de Dr. Seuss, de Shakespeare o de otro autor? Explica.

4. Según Augusto un personaje de ficción puede tener más realidad e independencia que su autor. ¿Puedes pensar en argumentos que apoyan su opinión? Unamuno aparece como un personaje en su propia novela. ¿Cuál es la ironía aquí?

5. Unamuno le dice a Augusto que no se puede cambiar su futuro porque ya está escrito (en su novela). ¿Crees que hay un destino, un gran libro ya escrito que determina nuestro futuro? ¿Crees que tenemos control sobre lo que nos pasa?

C. Escribamos

1. Usando la idea discutida en Charlemos #2, escribe tu propia lista de diez aspectos de tu identidad.

2. Escribe un diálogo entre un personaje y su autor. Puede ser un personaje de un libro, una película, un programa de televisión, o puedes inventar tu propio personaje. El personaje puede agradecer a su autor, quejarse de su vida, etc.

3. Selecciona una película o un libro que te ha hecho cuestionar la realidad. Escribe un ensayo corto explicando por qué.

D. Actividades

1. Tú y un compañero de clase pueden hacer los papeles de Unamuno y Augusto y presentar el diálogo a la clase como si fuera una escena de teatro.

2. Trabaja con un compañero de clase y prepara otro diálogo entre un personaje de ficción y su autor, diferente del que escribiste en Escribamos #2. Presenten este diálogo en clase.

3. Después de su conversación con Unamuno, Augusto cena con un amigo y trata de explicarle la experiencia extraña que acaba de tener. Con un compañero de clase, presenta esta escena a toda la clase.

Capítulo 20

¿Estoy loco?

DE LA REVISTA *SELECCIONES*

I Vocabulario

acaso quizás, posiblemente. Dime tu problema y **acaso** puedo ayudarte.

aliviar calmar un dolor, hacer algo menos desagradable. Muchas personas toman una aspirina para **aliviar** el dolor de cabeza.

apagar extinguir el fuego, desconectar la luz. Antes de salir de la casa debes **apagar** la luz.

avisar informar a alguien de un peligro o de otra cosa de interés. Hay que **avisar** a la policía si ves algo sospechoso en la calle.

comportamiento conducta. La maestra llamó a los padres de Juanito porque el **comportamiento** del niño en la clase era terrible.

comportarse portarse, demostrar cierta conducta. Los padres tienen vergüenza si el niño no **se comporta** bien en público.

enfrentarse ponerse frente a frente. Juan no pudo formar una relación con otra persona hasta que **se enfrentó** a sus propios problemas.

grave muy serio. El terrorismo es una amenaza muy **grave**.

intentar tratar de hacer algo. Cada año muchas personas **intentan** subir a la Montaña del Everest, pero sólo unos pocos logran hacerlo.

intento la acción de intentar. Después de muchos **intentos**, el niño acabó por andar en bicicleta sin caerse.

lector una persona que lee. Harry Potter es el personaje favorito de muchos **lectores** jóvenes.

leve no muy grave, no muy serio. Mandar al niño a su dormitorio es un castigo muy **leve** porque allí tiene un televisor, una computadora y muchos juguetes.

mascota animal de compañía que vive con el ser humano. Los perros y los gatos son las **mascotas** más populares en los Estados Unidos.

prestar atención observar, mirar, concentrar. Un buen padre **presta atención** a lo que su hijo dice y hace para entenderlo bien.

raro/a extraño, no usual o normal. Es muy **raro** tener nieve en Florida.

rareza algo raro. Los diamantes azules valen más a causa de su **rareza**.

realizar hacer real una cosa o un proyecto. El joven jugador de béisbol **realizó** su sueño cuando llegó a ser miembro de los Yanquis.

sangrar perder sangre. La víctima tuvo que ir al hospital porque su herida era muy grave y **sangraba** mucho.

quizás acaso, posiblemente. **Quizás** podemos visitarte durante las vacaciones de diciembre.

soler (ue) estar acostumbrado a hacer algo con frecuencia. Los alumnos **suelen** sentarse en el mismo asiento cada día.

tal vez acaso, quizás. Si trabajamos juntos **tal vez** podemos terminar antes de las ocho.

tontería una cosa estúpida, boba. Seguir contaminando el aire y el agua es una **tontería** humana.

tonto/a necio, bobo, estúpido. Es muy **tonto** conducir sin cinturón de seguridad.

uña la parte dura que cubre los extremos de los dedos. Muchas mujeres se pintan las **uñas** con una manicurista.

valiente que tiene mucho valor, mucha valentía, que se enfrenta a un peligro sin miedo. La niña que se tiró al agua para rescatar a su hermanito era muy **valiente**.

II Ejercicios de vocabulario

A. Preguntas

1. ¿Con qué problemas o peligros se enfrentan los jóvenes hoy en día?

2. ¿Tienes una mascota que hace cosas tontas? ¿Qué hace?

3. ¿Qué haces para aliviar la tensión? ¿Qué sueles hacer cuando sufres ansiedad?

4. Se dice que las personas que tienen una mascota viven más tranquilas. ¿Estás de acuerdo?

5. Si estás en una fiesta y notas que tu amigo tiene comida entre los dientes, ¿le avisas o no?

6. ¿Te comportas igual en todas tus clases? ¿Te comportas de una manera diferente según el profesor de cada clase? Explica por qué.

7. ¿Conoces a personas falsas que se comportan de una manera con ciertas personas y son totalmente diferentes con otras? Da ejemplos (sin mencionar nombres).

8. Si intentas hacer algo y no tienes éxito en el primer intento, ¿te frustras fácilmente?, ¿dices palabrotas?, ¿sigues intentándolo otra vez?

9. ¿Apagas tu computadora o la dejas encendida con el salvapantallas "*screen saver*"?

10. Un amigo llega a una fiesta en tu casa pero no quiere entrar porque tiene miedo de tu perro, ¿qué haces para aliviar su ansiedad?

11. ¿Cuál es la experiencia más rara que has tenido?

12. ¿Qué sueño o ambición te importa más realizar en tu vida?

13. ¿Te parece difícil trabajar con las manos si tienes las uñas muy largas? ¿Qué piensas de la obsesión de algunas mujeres de llevar las uñas largas y adornadas?

14. ¿Sueles enfrentarte directamente a tus problemas? ¿O tratas de evitarlos?

15. ¿Conoces a personas que pierden la conciencia si tienen una herida que sangra un poco? ¿Cómo reaccionas tú?

16. ¿Conoces a alguien que tenga una mascota muy rara? ¿Cuál es su mascota?

B. Escribe la letra de la palabra que corresponde

1. _____ intentar
2. _____ lectores
3. _____ rareza
4. _____ avisar
5. _____ acaso
6. _____ realizar un deseo
7. _____ uñas
8. _____ prestar atención
9. _____ sangrar
10. _____ valiente

a. dar información
b. tal vez
c. pueden ser largas o cortas
d. los escritores los necesitan
e. lo que debes hacer cuando una persona sabia te habla
f. tratar
g. que se enfrenta a un peligro sin miedo
h. lo que pasa cuando te hieres
i. convertir los sueños en realidad
j. algo que no se ve con frecuencia

C. Completa la frase.

1. Una mascota muy rara es _____

2. Es difícil cortar las uñas de un bebé porque _____

3. No quiero enfrentarme a _____

4. Los padres descubren que su hijo ha tenido una fiesta cuando ellos no estaban en casa.

Un castigo leve sería _____

Un castigo grave sería _____

5. Me siento muy tonto/a cuando _____

6. Una persona muy valiente es _____ porque

_____

7. Si no prestamos atención a los problemas del calentamiento global,

es posible que _____

D. Escribe una frase original.

1. soler _____

2. aliviar _____

3. avisar _____

4. realizar _____

5. tonto _____

E. Explica. Vas a comunicar las ideas que siguen a alguien que sólo habla español. Trata de utilizar algunas palabras del vocabulario de este capítulo pero recuerda que es más importante expresar las ideas que usar el vocabulario. ¡Lo más importante es comunicar! No debes traducir palabra por palabra.

1. You have to face great challenges bravely. _____

_____

2. Pets can be man's best friend. _____

_____

3. It is important to pay attention to the details. _____

_____

4. Even the least serious crime will be punished. _____

_____

III Antes de leer

1. ¿Tienes hábitos raros como comerte las uñas, mover las rodillas sin parar cuando estás sentado/a, o jugar con el pelo? ¿Tienes miedo

excesivo a ciertos insectos o a los perros, a estar solo/a, o a estar con gente que no conoces?

2. ¿Conoces a personas que se obsesionan por mantener todo ordenado perfectamente? O, al contrario, ¿conoces a personas que viven en un desorden total? ¿Con qué grupo te identificas más?

3. ¿Tienes amigos con hábitos peligrosos como el de cortarse la piel o vomitar después de comer o pasar mucho tiempo sin comer?¿Qué haces para ayudarlos?

4. ¿Conoces a alguien sin ninguna rareza o hábito raro? ¿Existen las personas totalmente "normales"? ¿Cómo sería el mundo si nadie tuviera rarezas o hábitos extraños?

IV Lectura

¿ESTOY LOCO?

¿Habla solo? ¿Olvida dónde dejó las llaves? ¿Llora con los anuncios?

Lo hemos descubierto, querido lector. Trata de hacerse pasar por una persona común y corriente, pero estamos al tanto de que no lo es. La verdad es que tiene algunos hábitos muy raros. ¿Qué cómo lo sabemos? Porque todos los tenemos. La rareza en sí es normal y nos hace humanos. Pero no siempre es fácil distinguir entre esa manía "simpática" que tiene y un comportamiento que podría causar un daño real a usted o a otros. Les pedimos a algunos valientes que confesaran sus aberraciones de conducta y las sometimos[1] a la consideración de los expertos. Eso es lo que descubrimos.

Pregunta #1

¿Cómo es posible que recuerde todo lo que hice, dije y vestí en segundo año de [*la escuela*] primaria pero no pueda acordarme dónde dejé las llaves del auto en la mañana? ¿Acaso es senilidad prematura? ¡Sólo tengo 40 años!

Respuesta

Aunque cierta pérdida de memoria es normal al envejecer[2], no suele ser señal de senilidad prematura. Además, tal vez no recuerde todo lo que hizo, dijo o vistió en segundo año. Lo que recuerda son algunas prendas y ciertos episodios claves[3]. Quizás ése haya sido un año importante para su desarrollo . . .

"Hoy en día tiene fácil acceso a estos recuerdos porque prestó mucha atención a los episodios cuando ocurrieron", dice JoAnna Wood, psicóloga e investigadora de San Antonio, quien ha realizado numerosos estudios conductuales para la NASA. "¿Y qué pasó esta mañana con las llaves del auto? Tal vez estaba pensando en cosas importantes como el trabajo, qué preparar para la cena, o las facturas[4] que tiene que pagar", así que se le olvidaron las llaves.

Pregunta #2

¿Por qué me como las uñas y me arranco las cutículas hasta sangrar? ¿Son sólo nervios? ¿Un exagerado arreglo personal[5]? ¿Acaso una forma de cortarme, como hacen algunos chicos? ¿Un intento de controlar el entorno[6]? ¿O sólo una fijación oral?

[1] **sometimos** presentamos
[2] **envejecer** ponerse viejo, llegar a ser viejo
[3] **claves** importantes o necesarias para entender algo
[4] **facturas** cuentas que una persona debe pagar
[5] **arreglo personal** las cosas que una persona hace por la higiene o apariencia
[6] **entorno** ambiente, circunstancias alrededor de una persona

Respuesta

Así que le gusta hacer sufrir a sus dedos, ¿eh? Algunos libros sugieren que se trata de perfeccionismo, pero el problema puede ser más grave aún . . . dice Joseph Himmelsbach, psicólogo de la Universidad Estatal de Nueva York. "Es una forma primitiva de liberar ansiedad. O quizás se esté protegiendo de demostrar su enojo de una manera más adecuada[7]. Sin embargo, sin lugar a dudas, es una forma inmadura de enfrentar un problema". Si con regularidad se lastima las manos hasta que sangran, lo mejor es que haga cita con un psicólogo e, inmediatamente después, con una manicurista.

Pregunta #3

¿Por qué siempre tengo una canción en la mente? Sin importar lo que esté haciendo, la melodía se repite una y otra vez. En ocasiones tardo varios días en cambiar de canción, por así decirlo, ¡Y me estoy volviendo loco!

Respuesta

Además de sugerirle que apague su iPod, los expertos que consultamos no tuvieron gran cosa que decir acerca de esta conducta, lo cual nos deja con dos posibles conclusiones: 1) se trata de un fenómeno perfectamente natural que le ocurre a todo el mundo, o 2) nuestros expertos están locos. Sin embargo, como el autor y los editores de *Selecciones* también tenemos un radio en la cabeza, preferimos la primera conclusión.

Pregunta #4

Hablo solo con frecuencia y a veces llego a responder en voz alta a preguntas que me hago mentalmente. ¿Es una forma leve de esquizofrenia?

Respuesta

No mientras que sea el único que habla. Si escucha voces que parecen provenir[8] de fuera y que le indican que haga alguna tontería, como matar a su tía Margarita, deje esta revista y corra a la sala de urgencias de inmediato. Sin embargo, hablar con uno mismo es una peculiaridad humana normal. Ensayamos[9] lo que diremos a alguien a quien queremos impresionar. Pensamos en respuestas ingeniosas para una conversación reciente en la que no sobresalimos y en ocasiones, como usted, resolvemos problemas.

---

[7]**adecuada** apropiada, correcta
[8]**provenir** originar, venir de
[9]**Ensayamos** probamos, experimentamos (*test out, try out*)

La doctora Wood dice que se trata de un "sistema para pensar en voz alta". Hay análisis que demuestran que los estudiantes, cuando piensan en voz alta, suelen realizar mejor las tareas que se les asignan. En otro estudio, un psicólogo les pide a los sujetos que piensen en voz alta para que los investigadores entiendan cómo resuelven sus problemas. Una y otra vez se ha descubierto que estos sujetos realizaron mejor las tareas que quienes guardaron silencio. Mientras no se exceda en público, siga conversando consigo mismo. No lo perjudica; al contrario lo beneficia.

Pregunta #5

Sin importar cuánto lo intente, no puedo resistirme a apilar[10] las revistas del consultorio[11] del médico o a enderezar[12] los cuadros en las paredes, ¡hasta en casa de mis conocidos[13]! Un amigo mío usa una chaqueta que tiene un bolsillo con cierre[14]. Jamás le sube el cierre, así siempre acabo por[15] hacerlo yo. No se da cuenta del gran favor que le hago. ¿Estaré loco?

Respuesta

"Si tengo espinacas[16] en los dientes, sólo avísame; ¡no me meta la mano a la boca!" exclama la doctora LaFrance. Deje de engañarse: no le hace un favor a su amigo ni tampoco alivia la ansiedad básica que lleva a esta clásica conducta obsesivo-compulsiva.

La doctora Olds señala que las conductas obsesivo-compulsivas son comunes en nuestra sociedad. "Todos tenemos hábitos obsesivo-compulsivos, y sin ellos no estaríamos tan orientados a lograr el éxito" . . . Pero en este caso, sus compulsiones afectan a otras personas, tal vez hasta el grado de ofenderlas. Debe buscar ayuda psicológica, y quizás lo primero que le pida el terapeuta es que analice su conducta. Los pacientes obsesivo-compulsivos hacen una lista de reglas: las revistas deben estar apiladas, los cierres subidos y los cuadros derechos[17]. "El paciente obsesivo-compulsivo piensa:

---

[10] **apilar** poner unas cosas sobre otras formando una pila (*pile*)
[11] **consultorio** oficina
[12] **enderezar** arreglar, poner en orden
[13] **conocidos** personas que conoces
[14] **bolsillo con cierre** bolsa en la ropa donde se puede guardar cosas. (*Pocket that closes or zips*).
[15] **acabo por** *I end up (doing something)*
[16] **espinaca** vegetal de hojas verdes
[17] **derechos** recto, que no se inclina ni a un lado ni a otro

'Si sigo estas reglas, aún cuando sean arbitrarias[18] y las haya inventado yo, entonces otras cosas que no puedo controlar también se pondrán en orden' ", dice la doctora La France. "Pero eso no funciona . . . ". Controlar los cierres y los cuadros no le dará más control sobre sus relaciones, salud, trabajo o vida. La ansiedad que emana[19] de estas fuentes es la que en realidad le perturba[20], y la única forma de manejar estos asuntos es encararlos[21] de una manera directa.

Pregunta #6

Las serpientes me aterrorizan; cualquier serpiente en cualquier sitio. Si sale una víbora por televisión, esta noche no puedo dormir. Una vez vi una en el parque y, aunque mi marido me dijo que era sólo una culebra no venenosa[22] . . no pienso volver jamás a ese lugar. Mi marido me dice que estoy loca, y quiere llevarme a una tienda de mascotas para que vea serpientes de cerca. Me niego rotundamente. Él es el que está loco.

Respuesta

"Ninguno de los dos está loco", dice Nando Pelusi, psicólogo clínico que da consulta en Manhattan. Tiene una fobia clásica y las serpientes o las arañas son los objetos más comunes de ellas. "Estos temores son intrínsecos a nosotros", dice, y son ilógicos porque los autos, los cigarrillos y los cables eléctricos de nuestra época modernas son mucho más peligrosos.

Para vencer las fobias de este tipo se suele recurrir a un enfoque conductual, y su marido va por el camino correcto. Lo que usted necesita es una aproximación gradual[23]: comience con fotografías de serpientes, combinadas con ejercicios de relajación . . . Cuando pueda hacerlo, pase a una imagen de televisión . . . Después quizás logre estar en una habitación con una pequeña serpiente enjaulada[24]. Pero tómelo con calma. Ir demasiado rápido pueda ser contraproducente.

---

[18] **arbitrarias** se dice de lo que se hace por capricho, sin razones lógicas

[19] **emana** viene

[20] **perturba** causa la falta de tranquilidad

[21] **encararlos** enfrentarse a los problemas

[22] **venenosa** que tiene veneno, una sustancia que puede causar la muerte

[23] **aproximación gradual** proceso de acercarse poco a poco

[24] **enjaulada** dentro de una jaula

V Ejercicios

A. Comprendamos. Selecciona la mejor respuesta para completar la frase.

1. Según el artículo, tener rarezas en tu personalidad _____.
   a. es siempre una amenaza a una vida normal
   b. es normal hasta cierto punto
   c. es motivo para visitar a un psicólogo
   d. no ocurre con frecuencia

2. En la respuesta a la primera pregunta, la psicóloga sugiere que _____.
   a. olvidar cosas es siempre síntoma de la senilidad
   b. lo que recordamos depende de lo que nos importa
   c. la memoria es mejor para las cosas que acaban de pasar
   d. hay que estudiar para mejorar la memoria

3. Al final de la respuesta a la Pregunta #2, la referencia a hacer una cita con una manicurista tiene un tono _____.
   a. grave
   b. peligroso
   c. divertido o juguetón
   d. enojado

4. Según el psicólogo Joseph Himmelsbach, comerse las uñas _____.
   a. no refleja más que un deseo de ser perfecto
   b. refleja el deseo de estar libre
   c. nunca es un problema
   d. puede reflejar emociones reprimidas

5. Según la respuesta a la Pregunta #4, una persona debe irse inmediatamente a un hospital si _____.
   a. se habla a sí misma
   b. oye voces que la incitan a la violencia
   c. tiene una tía Margarita
   d. trata de resolver problemas hablando consigo misma

6. El problema del escritor de la Pregunta #5 es que _____.

   a. no puede tolerar ningún desorden

   b. quiere llevar la chaqueta de su amigo

   c. se siente incómodo en la casa de una persona que no conoce

   d. roba las revistas del consultorio de su médico

7. Según la doctora Olds, la conducta obsesivo-compulsiva _____.

   a. puede resultar en el deseo de tener éxito en el trabajo

   b. siempre es una ventaja

   c. nos ayuda a vivir en un mundo desorganizado

   d. siempre es un problema grave

8. La segunda frase de la respuesta a la Pregunta #6, se refiere a "los objetos más comunes de ellas". La palabra "ellas" se refiere a las _____.

   a. fobias

   b. arañas

   c. consultas

   d. psicólogas

B. Charlemos

1. ¿Tienes tú algunos de los hábitos mencionados en el artículo? ¿Conoces a alguien que los tiene?

2. ¿Puedes pensar en otros hábitos raros, fobias o compulsiones no mencionadas?

3. ¿Qué se puede hacer para mejorar nuestra memoria? ¿Qué haces para no olvidarte de las cosas?

4. ¿Conoces a personas que se cortan o que tienen otros comportamientos peligrosos?

5. ¿Tienes con frecuencia canciones en la mente? ¿Cuáles son? ¿Te parece un problema o una diversión?

6. ¿Hablas solo por los mismos motivos que la persona de la Pregunta #4? ¿Estás de acuerdo con que este hábito puede ser un beneficio?

7. Muchas personas tienen hábitos que parecen conductas obsesivo-compulsivas. ¿Tienes algunos de estos hábitos? ¿Conoces a personas que los tienen?

8. ¿Por qué piensas que el miedo a las serpientes y arañas son fobias tan comunes? ¿Has visto películas de terror sobre estas fobias? ¿Cuáles son

otras fobias comunes? ¿Qué fobias tienes tú? ¿Conoces a personas con fobias raras?

9. ¿Qué piensas de la recomendación dada a la Pregunta #6? ¿Es posible que si uno se acerca poco a poco al objeto temido se libere del miedo? ¿Crees que este tratamiento funciona con las otras fobias?

C. Escribamos

1. En muchas revistas se encuentran pruebas para determinar aspectos de la personalidad de una persona. Por ejemplo una prueba de "¿Es usted romántico?" puede empezar así:

   1. En la primera cita con alguien que te cae bien, prefieres
      a. cenar solos en un restaurante
      b. ir a la playa
      c. ir a una fiesta con muchos amigos
      d. asistir juntos a una conferencia sobre la amenaza nuclear

   Cada respuesta lleva cierto valor numérico, y al final se determina hasta qué punto la persona es romántica. Escribe tal prueba para determinar "¿Está usted loco?".

2. La respuesta a la Pregunta #4 se refiere a un fenómeno muy común: tienes una conversación desagradable con alguien y después piensas en la respuesta perfecta que deberías haber dicho pero que no dijiste. Escribe dos diálogos; pueden ser de situaciones reales o inventadas. Un diálogo que refleje la realidad y otro diálogo que refleje lo que una de las dos personas debía haber dicho.

3. Escribe tu propia carta a los expertos pidiendo consejos sobre una de tus rarezas. La carta puede ser seria o divertida.

4. Escribe la respuesta a tu propia carta o a la de un compañero de clase (de #3).

D. Actividades

1. Tú y un compañero de clase van a hacer los papeles de un paciente y un psicólogo. El paciente tiene un miedo muy raro. Puede ser algo serio o divertido. Utilicen la imaginación. Presenten la escena entre el/la paciente y el/la psicólogo/a.

2. Una persona muy organizada que sufre del desorden obsesivo compulsivo llega a la universidad y descubre que su compañero de cuarto es muy desordenado. Con un compañero de clase presenta una escena entre estas dos personas.

3. Estás en un avión o un tren, y la persona sentada a tu lado está hablando consigo misma. Con un compañero de clase presenta esta escena a la clase.

Capítulo 21

Nada y Soy

EKIWAH ADLER BELÉNDEZ

I Vocabulario

desolado/a se aplica a un lugar que no tiene ni edificios ni gente, un lugar vacío; muy triste, solo, deprimido; también describe a una persona muy triste. La mujer se quedó **desolada** cuando su esposo se murió.

fallar no tener éxito, no lograr algo que tratas de lograr, fracasar. La bruja quería comer a Hansel y Grétel pero ella **falló** porque los dos niños se escaparon.

fantasma (m.) el espíritu de un muerto. Los niños tienen miedo de esa casa vieja y desolada porque creen que hay un **fantasma** adentro.

fuego calor y luz que resulta de la combustión de algo. Cuando los niños van de camping se sientan alrededor del **fuego** y cuentan historias de fantasmas.

guerrero/a una persona que lucha en una guerra o una batalla entre dos países. Los Aztecas eran **guerreros** muy fuertes y ganaron muchas batallas contra sus enemigos.

inmóvil se aplica a algo que no se mueve, lo que permanece en un lugar. El ciervo tenía tanto miedo cuando vio al cazador que no pudo correr; se quedó **inmóvil**.

paso cada movimiento del pie al andar. El ciego cuenta sus **pasos** para poder encontrar varios sitios.

paso a paso gradualmente. El trabajo de aprender otra lengua puede parecer enorme, pero **paso a paso** los alumnos la aprenden.

rama parte de un árbol que viene del tronco y que muchas veces tiene las hojas. En el otoño las hojas se caen y las **ramas** de los árboles se quedan desnudas.

soledad (f.) el estado de estar solo, de no tener compañía. Cuando toda la familia se va y deja al perro solo en la casa, el pobre animal sufre de **soledad**.

tragar comer, hacer pasar algo de la boca al estómago. La serpiente boa se **tragó** todo un animal.

II Ejercicios de vocabulario

A. Preguntas

1. A veces, ¿te gusta la soledad? ¿Cuándo?

2. ¿Crees que existen los fantasmas?

3. ¿Qué cosa extraña se ha tragado un animal o una persona?

4. ¿Has subido por las ramas de un árbol? ¿Cuándo?

5. ¿Cómo reaccionas cuando fallas al hacer algo que querías hacer? ¿Te frustras fácilmente?

6. ¿Cuál es el sitio más desolado que has visto?

B. Escribe la letra de la palabra que corresponde.

1. _____ rama
2. _____ fuego
3. _____ guerrero
4. _____ soledad
5. _____ paso
6. _____ inmóvil
7. _____ tragar
8. _____ fallar
9. _____ fantasma
10. _____ desolado

a. la acción de comer
b. esforzarse sin éxito
c. el espíritu de un muerto
d. describe un sitio donde no hay nada
e. parte de un árbol
f. algo que se hace con el pie
g. se puede usar para cocinar
h. una persona que necesita ser valiente
i. no activo
j. el estado de estar sin compañía

C. Completa la frase.

1. Una cosa que es necesario hacer paso a paso es _____

2. Me quedé inmóvil cuando _____

3. _____ es un/a guerrero/guerrera famoso/a que luchó por los derechos humanos.

4. Una ciudad famosa que fue destruida por el fuego es _____

5. Un fantasma famoso es _____

6. Me sentí muy desolado/a cuando _____

D. Escribe una frase original.

1. fallar _____

2. tragar _____

3. soledad _____

4. fantasma _____

5. paso _____

E. Explica. Vas a comunicar las ideas que siguen a alguien que sólo habla español. Trata de utilizar algunas palabras del vocabulario de este capítulo pero recuerda que es más importante expresar las ideas que usar el vocabulario. ¡Lo más importante es comunicar! No debes traducir palabra por palabra.

1. In many horror movies, restless spirits walk the earth in search of

peace or vengance. _____

_____

_____

2. He tried to escape from his own loneliness. _____

_____

_____

3. We met a new challenge every step of the way. _____

_____

_____

4. It was hard to find happiness in such a sad and deserted place. _____

_____

_____

III Antes de leer

1. ¿Quién eres tú? ¿Cómo te describes? ¿Cómo te identificas?

2. ¿Te ves de manera diferente cuando estás triste o contento?

IV Lectura

Ekiwah Adler Beléndez tenía doce años cuando se edita este libro por primera vez. Su nombre, de origen purépecha[1], significa "guerrero" y lo define bien, porque desde que nació lucha con una parálisis cerebral infantil que le ha impedido caminar. Siempre ha vivido en Amatlán, Quetzalcóatl, Morelos (México).

En las palabras del joven poeta:

"Estos poemas tienen el objetivo de explorar lo que hay dentro de mí, y me encantaría compartirlos . . . Les doy la bienvenida a que me escriban cualquier comentario. Mándame tus poemas o cuentos."

[1]**purépecha** de un pueblo indígena mexicano

NADA

Soy un árbol sin sus ramas
soy un guerrero que ha fallado su misión
estoy encerrado sin salida
la tierra tiembla desolada
sólo calles sin final ni destino
sólo el sonido de máquinas
ni siquiera el canto de un pájaro.
Soy nada
no soy ni aire ni roca inmóvil
el peor de los ladrones ha robado mi sonrisa
el mar me traga
el cielo cae, me aplasta[2]
soy una ilusión, un fantasma
conozco a lo vacío y el vacío me conoce a mí.

[2]**aplasta** crushes, flattens

> ### SOY
>
> Entre las estrellas . . . Soy
> Con las tormentas desgarrantes[3] . . . Soy
> por fuegos que dejan cenizas . . . Soy
> envuelto en pasión . . . Soy
> cara a cara con la soledad . . . Soy
> yo y el universo somos uno
> paso a paso hacia la gran eternidad . . .
> **Soy**

[3]**desgarrantes** que rompen o hacen daño

V Ejercicios

A. Comprendamos

1. El tono de *Nada* refleja _____.

   a. esperanza

   b. frustración y tristeza

   c. ironía

   d. amor

2. Varias imágenes de *Nada* se refieren _____.

   a. al futuro

   b. a la belleza de la naturaleza

   c. a algo que le hace falta

   d. a su familia

3. En la tercera línea de *Soy,* el significado más probable de "cenizas"

   es _____.

   a. polvo de color gris resultado de un fuego

   b. esperanzas

   c. lluvia

   d. amigos

4. Comparado con *Nada*, el poema *Soy* _____.

   a. tiene más vitalidad, más fuerza vital

   b. refleja más angustia

c. parece más triste

d. tiene más elementos cómicos

B. Charlemos

1. Ekiwah ha encontrado una vida creativa y productiva a pesar de sus problemas físicos. ¿Puedes pensar en otros ejemplos de personas valientes que triunfan sobre sus limitaciones físicas?

2. ¿Qué poema te parece más optimista? ¿Por qué?

3. ¿Qué emoción se expresa en el poema *Nada*? ¿Y en el poema *Soy*? Explica.

C. Escribamos

1. Escribe tu propio poema con el título *Soy*. El poema puede reflejar tu identidad.

2. En el poema *Nada*, Ekiwah escribe sobre las frustraciones y las desilusiones de la vida. Escribe tu propio poema expresando tus frustraciones. ¿Qué falta en tu vida? ¿Qué falta en el mundo en general?

D. Actividades

1. Describe la identidad de una persona famosa o un personaje de un libro, una película o un programa de televisión, usando frases que empiecen con la palabra "Soy". Lee estas frases a la clase. La clase tiene que adivinar de quién estás hablando.

2. Busca información de Ekiwah usando la Internet. Presenta a la clase lo que has encontrado.

Repaso de
Vocabulario IV

A. Completa el crucigrama usando las siguientes palabras:

herido	acaso	ético	herir	no
barrio	derecho	lector	tal	soler
débil	voz	bravo	pone	él
darse	azar	soltaron	frontera	suele
te	odiar	capaz	cuidar	culpa
leve	temió	detestar	raro	actual
valor	dar	tuve		

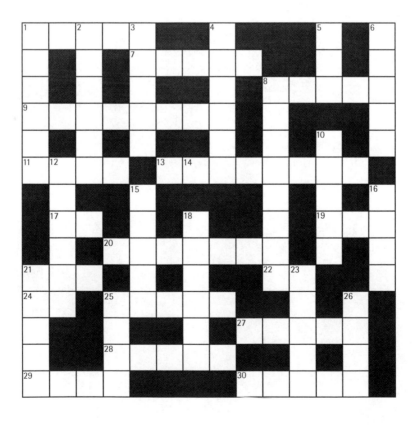

Horizontal

1. No le echo la _____ a Carlos; él es inocente.
7. Juan es un lector excelente; es _____ de entender novelas muy complejas.
8. Tener la costumbre
9. Odiar
11. Describe a algo que no se ve con frecuencia
13. La _____ entre Los Estados Unidos y México es muy larga.
17. ¿_____ das cuenta de lo que pasa?
19. Me gusta escuchar la _____ de mi amiga Cece porque ella canta mejor que nadie.
20. Nadie tiene el _____ de tener esclavos.
21. Regalar
22. _____ vale la pena hablar con aquel señor tonto; él no es capaz de ayudarte.
24. Respetamos mucho al Sr. Morales; _____ es un hombre de carácter muy ético.
25. Tuvo miedo
27. Mi padre nunca dice mentiras ni engaña a nadie; es un hombre honesto y _____.
28. Todos los niños admiran el _____ de los superhéroes.
29. No muy grave, no muy serio
30. La profesora debe _____ cuenta de los problemas de sus alumnos.

Vertical

1. No puedo ir a la fiesta porque tengo que _____ a mi hermanito.
2. Una persona que lee
3. Posiblemente
4. Área de una ciudad
5. Adela parece estar enamorada de Pepe; _____ vez él es su verdadero amor.

6. El policía no usó balas reales porque no quería _____ a nadie.

8. Dejaron en libertad

10. El niño se puso muy _____ cuando su hermanito le rompió su juguete favorito.

12. De ahora, en el presente

15. El gato _____ dormir cerca del fuego.

16. Tratamos de controlar nuestro destino pero muchas cosas pasan por _____.

18. El cazador ha _____ al ciervo, pero no lo ha matado.

21. La joven pasó días sin comer y se puso muy _____.

23. Detestar

25. Cuando me di cuenta de que el proyecto había desaparecido de mi computadora, _____ ganas de llorar.

26. Jorge se _____ triste cuando piensa en los apuros de sus amigos.

B. Seleccionar la mejor respuesta para completar cada frase.

1. A mi amigo le gusta ir a Kenya para _____ leones, pero con una cámara, no con balas.
   a. condenar
   b. cazar
   c. confundir
   d. crear

2. El gemelo fingió ser su hermano para _____ a la maestra.
   a. apreciar
   b. soportar
   c. engañar
   d. apenar

3. El joven se metió en _____ cuando se juntó con muchachos malos.
   a. entrevistas
   b. pesos
   c. chismes
   d. apuros

4. Luisa no estudió para el examen; si ahora no le sale bien, es su

 _____ culpa.

 a. propia

 b. graciosa

 c. harta

 d. poderosa

5. La profesora tiene un trabajo que le gusta, goza de buena salud, y

 adora a su familia; no le _____ nada para ser feliz.

 a. arregla

 b. teme

 c. falta

 d. suele

6. Todos debemos _____ las bendiciones que tenemos.

 a. apreciar

 b. intentar

 c. avisar

 d. rescatar

7. Hay muchos _____ sobre las vidas de la gente famosa—sus

 matrimonios, divorcios, etc.

 a. casos

 b. chismes

 c. derechos

 d. valores

8. Aunque Isabel Allende tiene gran amor por los Estados Unidos,

 nunca va a _____ de Chile, la patria de su nacimiento.

 a. confundirse

 b. distinguir

 c. tragar

 d. olvidarse

9. Hace unos años los Red Sox _____ su sueño de ganar la Serie Mundial.

 a. realizaron

 b. se dieron cuenta de

 c. fallaron

 d. agitaron

10. El alumno nuevo es muy _____; siempre se enrojece cuando tiene que hablar enfrente de la clase.

   a. tierno

   b. llamativo

   c. tímido

   d. leve

C. Escribe la letra de la palabra que corresponde.

1. _____ estorbo

2. _____ uñas

3. _____ agradecer

4. _____ dicha

5. _____ confundir

6. _____ mascota

7. _____ acaso

8. _____ cerebro

9. _____ ventaja

10. _____ avisar

  a. quizás, tal vez

  b. decirle a alguien que hay un peligro

  c. algo que te impide hacer algo

  d. decirle "gracias" a alguien

  e. beneficio

  f. intelecto

  g. felicidad

  h. animal querido

  i. se encuentran en los dedos

  j. causar confusión

D. Explica estos modismos a alguien que no habla inglés. No debes traducir la frases literalmente, sino explicar el significado.

1. To be in hot water. _____

_____

2. Whatever floats your boat. _____

_____

3. Talk to the hand. _____

_____

4. He doesn't beat around the bush. (He says what's on his mind.) _____

_____

5. To be heartbroken _____

_____

E. Escoge el modismo español que corresponde a cada modismo en el Ejercicio D. Escribe los números.

a. Me importa un bledo. _____

b. No tiene pelos en la lengua. Llama al pan pan y al vino vino. _____

c. Cada loco con su tema. Para gustos, los colores. _____

d. Tener el corazón hecho pedazos. _____

e. Estar en apuros. _____

Text Acknowledgements

page 4
Isabel Allende
Un fragmento de la obra Mi país inventado
© Isabel Allende, 2003

page 12
Reprinted with the permission of ATRIA BOOKS, an imprint of Simon & Schuster Adult Publishing Books, from MALINCHE by Laura Esquivel. Copyright © 2006 by Laura Esquivel.

page 19
Secretos perversos revelados. Cosmopolitan en español: Año 34, No. 7, julio 2006. Reprinted with permission from Editorial Televisa.

page 27
Tazas de lluvia. Reprinted with the permission of Floricanto Press from Jalapeño Blues by Trinidad Sánchez, Jr.

page 33
Quiero contarte. Buen Hogar: Año 41, No. 6/7, junio 2006. Reprinted with permission from Editorial Televisa.

page 43
Diarios de motocicleta, by Ernesto Guevara; (© OCEAN PRESS, pages 25–27)

page 51
¿Qué odian los hombres de las mujeres? Marie Claire: Año 17, No. 7, julio 2006. Reprinted with permission from Editorial Televisa.

page 57
Mala Onda by Alberto Fuguet, as it appears in Punto de lectura, Harper Collins Publishers, USA.

page 64
¿Por qué estoy comiendo esto? Prevention en español: junio 2006. Reprinted with permission from Editorial Televisa.

page 70 and 81
From CUANDO ERA PUERTORRIQUEÑA by Esmeralda Santiago, copyright Introducción y traducción copyright © 1994 by Random House, Inc. Used by permission of Vintage Español, a division of Random House, Inc.

page 88
Compradoras compulsivas. Vanidades: Año 46, No. 6, marzo 2006. Reprinted with permission from Editorial Televisa.

pages 96 and 105
Las películas de mi vida by Alberto Fuguet, Harper Collins Publishers, USA.

page 114
Frases inteligentes. Cosmopolitan en español: Año 34, No. 8, agosto 2006. Reprinted with permission from Editorial Televisa.

page 127
Cacería . . . ¿buena? in Newsweek en Español, July 10, 2006.

page 135
Gracias a la vida by Violeta Parra, "21 son los Dolores", Copyright © 1976 by Ediciones Aconcagua, Chile.

page 143
Angélica Vale in *Fama, Año 5 No. 86; Fama Publishing, Inc.*

page 152
Niebla by Miguel de Unamuno, Editorial Espasa-Calpe, SA; Spain.

page 162
¿Estoy loco? Selecciones Readers Digest, New York, USA.

page 173
Nada; Soy. Reprinted with permission from Ekiwah Adler Beléndez.